B사감과 러브레터

현진건

서투른 도적 / 술 권하는 사회 / 타락자 / 발 /
빈처 / 불 / 희생화 / 피아노

SR&B(새로본닷컴)

심사정의 〈하마선인도〉

〈베스트 논술 한국대표문학(전60권)〉을 펴내며

어린 시절의 독서는 평생의 이성과 열정을 보장해 줄 에너지의 탱크를 채우는 일입니다. 인생의 지표를 세울 수 있는 가장 믿을 만한 방법이기도 합니다.

새로 접하는 사물의 이치를 터득하려면 그 정보를 대뇌 속에 담는 프로그램이 마련되어 있어야 합니다. 그 프로그램을 구축하는 가장 효과적인 방법이 지속적인 독서입니다. 독서는 책과 나의 쌍방향적인 대화이며 만남이며 스킨십입니다.

그러나 단순한 독서만으로는 생각하는 힘과 정확히 표현하는 힘을 키울 수 없습니다. 〈베스트 논술 한국대표문학〉은 이에 유의하여 다음과 같이 편찬하였습니다.

① 초 · 중 · 고 교과서에 실린 고전 및 현대 문학 작품부터 〈삼국유사〉, 〈난중일기〉, 〈목민심서〉 등 우리의 정신을 일깨워 주고 우리에게 지혜와 용기를 준 '위대한 한국 고전'에 이르기까지 한 권 한 권을 가려 뽑았습니다.
② 각 권의 내용과 특성을 분석하여, '작가와 작품 스터디', '논술 가이드' 등을 덧붙여 생각하는 힘, 표현하는 힘을 키울 수 있도록 각 분야의 권위 학자, 논술 전문가들이 심혈을 기울였습니다.
③ 특히 현대 문학 부문은 최근 학계에서, 이 때까지의 오류를 바로잡아 정확한 텍스트를 확정한 것을 반영하였고, 고전 부문은 쉽고 아름다운 현대 국어로 재현하였습니다.
④ 각 작품에 관련된 작가의 고향을 비롯한 작품의 배경, 작품의 참고 자료 등을 일일이 답사 촬영하거나 수집 · 정리하여 화보로 꾸몄고, 각 작품의 갈피 갈피마다 아름다운 그림을 넣어, 작품에 좀더 친근감 있게 접근할 수 있도록 하였습니다.

이 〈베스트 논술 한국대표문학〉이 여러분이 '큰 사람', '슬기로운 사람'이 되는 데 충실한 밑거름이 되기를 바랍니다.

〈베스트 논술 한국대표문학〉 편찬위원회

현진건

현진건이 생전에 살았던 부암동 집

현진건의 친필

현진건의 친필

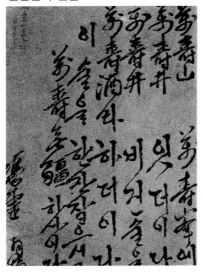

강환섭이 그린 현진건의 인물화

墮落者

憑虛 玄鎭健 著

박종화에게 증정한 현진건의
단편집인 〈타락자〉의 표지

〈조선 문단〉을 주재하던 시절의 현진건(왼쪽)

문인들과 함께한 현진건(앞줄 왼쪽)

현진건이 쓴 〈무영탑〉

〈B사감과 러브레터〉의 이미지화

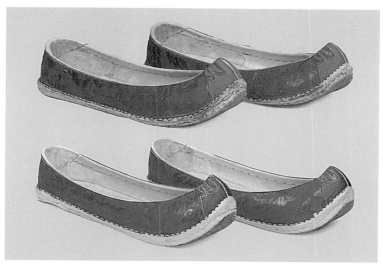
〈빈처〉 당혜

남대문로의 1920년대의 모습

광화문 거리의 옛모습

〈고향〉 일제가 우리 나라 경제 침략을 위해 세운 동양 척식 주식 회사

차례

B사감과 러브레터

B사감과 러브레터

C여학교에서 교원 겸 기숙사 사감 노릇을 하는 B여사라면 딱장대요 독신주의자요 찰진 야소꾼*으로 유명하다. 사십에 가까운 노처녀인 그는 주근깨투성이 얼굴이 처녀다운 맛이란 약에 쓰려도 찾을 수 없을 뿐인가, 시들고 거칠고 마르고 누렇게 뜬 품이 곰팡 슬은 굴비를 생각나게 한다.

여러 겹 주름이 잡힌 훨렁 벗겨진 이마라든지, 숱이 적어서 법대로 쪽*지거나 틀어올리지를 못하고 엉성하게 그냥 빗어 넘긴 머리꼬리가 뒤통수에 염소 똥만 하게 붙은 것이라든지, 벌써 늙어 가는 자취를 감출 길이 없었다. 뾰족한 입을 앙다물고 돋보기 너머로 쌀쌀한 눈이 노릴 때엔 기숙생들이 오싹하고 몸서리를 치리만큼 그는 엄격하고 매서웠다.

이 B여사가 질겁을 하다시피 싫어하고 미워하는 것은 소위 '러브 레터'였다. 여학교 기숙사라면 으레 그런 편지가 많이 오는 것이지만 학

---

* 야소(耶蘇)꾼 예수교인을 초창기에 일컫던 말.
* 쪽 부인네의 아래 뒤통수에 땋아서 틀어올려 비녀를 꽂은 머리털.

교로도 유명하고 또 아름다운 여학생이 많은 탓인지 모르되 하루에도 몇 장씩 죽느니 사느니 하는 사랑 타령이 날아 들어왔었다. 기숙생에게 오는 사신*을 일일이 검사하는 터이니까 그 따위 편지도 물론 B여사의 손에 떨어진다. 달짝지근한 사연을 보는 족족 그는 더할 수 없이 흥분되어서 얼굴이 붉으락푸르락, 편지 든 손이 발발 떨리도록 성을 낸다.

　아무 까닭 없이 그런 편지를 받은 학생이야말로 큰 재변이었다. 하학하기가 무섭게 그 학생은 사감실로 불리어 간다. 분해서 못 견디겠다는 사람 모양으로 째근째근하며 방 안을 왔다갔다하던 그는 들어오는 학생을 잡아먹을 듯이 노리면서 한 걸음 두 걸음 코가 맞닿일 만큼 바짝

* 사신(私信) 사사로 하는 편지.

다가들어서서 딱 마주 선다. 웬 영문인지 알지 못하면서도 선생의 기색을 살피고 겁부터 집어먹은 학생은 한 동안 어쩔 줄 모르다가 간신히 모기만한 소리로,

"저를 부르셨어요?"

하고 묻는다.

"그래, 불렀다. 왜!"

팍 무는 듯이 한 마디 하고 나서 매우 못마땅한 것처럼 교의를 우당탕탕 당겨서 철썩 주저앉았다가 학생이 그저 서 있는 걸 보면,

"장승*이냐? 왜 앉지를 못해."

하고 또 소리를 빽 지르는 법이었다. 스승과 제자는 조그마한 책상 하나를 새에 두고 마주 앉는다. 앉은 뒤에도,

'네 죄상을 네가 알지!'

하는 것처럼 아무 말 없이 눈살로 쏘기만 하다가 한참 만에야 그 편지를 끄집어 내어 학생의 코앞에 동댕이를 치며,

"이건 누구한테 오는 거냐?"

하고 문초를 시작한다. 앞장에 제 이름이 씌었는지라,

"저한테 온 것이야요."

하고 대답 않을 수 없다. 그러면 발신인이 누구인 것을 재쳐 묻는다. 그런 편지의 항용으로 발신인의 성명이 똑똑지 않기 때문에 주저주저하다가 자세히 알 수 없다고 내밀 양이면,

"너한테 오는 것을 네가 모른단 말이냐?"

고 불호령을 내린 뒤에 또 사연을 읽어 보라 하여 무심

* 장승 이수를 나타내거나, 마을의 수호신으로 동네 어귀나 길가에 세운 사람 모양의 형상.

돌 장승

한 학생이 나직나직하나마 꿀 같은 구절을 입술에 올리면 B여사의 역정은 더욱 심해져서 어느 놈의 소위*인 것을 기어이 알려 한다. 기실 보도 듣도 못한 남성의 한 노릇이요, 자기에게는 아무 죄도 없는 것을 변명하여도 곧이듣지를 않는다. 바른대로 아뢰어야 망정이지 그렇지 않으면 퇴학을 시킨다는 둥, 제 이름도 모르는 여자에게 편지할 리가 만무하다는 둥, 필연 행실이 부정한 일이 있으리라는 둥…….

하다못해 어디서 한 번 만나기라도 하였을 테니 어찌해서 남자와 접촉을 하게 되었느냐는 둥, 자칫 잘못하여 학교에서 주최한 음악회나 바자*에서 혹 보았는지 모른다고 졸리다 못해 주워댈 것 같으면 사내의 보는 눈이 어떻더냐, 표정이 어떻더냐, 무슨 말을 건네더냐, 미주알고주알 캐고 파며 어르고 볶아서 넉넉히 십 년 감수는 시킨다.

두 시간이 넘도록 문초를 한 끝에는 사내란 믿지 못할 것, 우리 여성을 잡아먹으려는 마귀인 것, 연애가 자유이니 신성이니 하는 것도 모두 악마가 지어 낸 소리인 것을 입에 침이 없이 열에 띠어서 한참 설법을 하다가 닦지도 않은 방바닥(침대를 쓰기 때문에 방이라 해도 마룻바닥이다.)에 그대로 무릎을 꿇고 기도를 올린다. 눈에 눈물까지 글썽거리면서 말끝마다 하느님 아버지를 찾아서 악마의 유혹에 떨어지려는 어린 양을 구해 달라고 되삶고 곱삶는 법이었다.

그리고 둘째로 그의 싫어하는 것은 기숙생을 남자가 면회하러 오는 일이었다. 무슨 핑계를 하든지 기어이 못 보게 하고 만다. 친부모, 친동기간이라도 규칙이 어떠니, 상학 중이니 무슨 핑계를 하든지 따돌려 보내기가 일쑤다.

이로 말미암아 학생이 동맹 휴학을 하였고 교장의 설유*까지 들었건

---

* 소위(所爲) 하는 일.
* 바자 자선 사업 등의 자금 마련을 위하여 뜻있는 이들이 벌이는 일시적인 전시품 판매장.
* 설유(說諭) 말로 잘 타이름.

만 그래도 버릇은 고치려 들지 않았다.

이 B사감이 감독하는 그 기숙사에 금년 가을 들어서 괴상한 일이 '생겼다.' 느니보다 '발각되었다.' 는 것이 마땅할는지 모르리라. 왜 그런고 하면 그 괴상한 일이 언제 '시작된' 것은 귀신밖에 모르니까.

그것은 다른 일이 아니라 밤이 깊어서 새로 한 점*이 되어 모든 기숙생들이 달고 곤한 잠에 떨어졌을 제 난데없는 깔깔대는 웃음과 속살속살하는 말낱이 새어 흐르는 일이었다.

하룻밤이 아니고 이틀 밤이 아닌 다음에야 그런 소리가 잠귀 밝은 기숙생의 귀에 들리기도 하였지만, 잠결이라 뒷동산에 구르는 마른 잎의 노래로나, 달빛에 날개를 번뜩이며 울고 가는 기러기의 소리로나 흘려 들었다.

그렇지 않으면 도깨비의 장난이나 아닌가 하여 무시무시한 증이 들어서 동무를 깨웠다가 좀처럼 동무는 깨지 않고 제 생각이 너무나 어림없고 어이없음을 깨달으면 밤소리 멀리 들린다고 학교 이웃집에서 이야기를 하거나 또 딴 방에 자는 제 동무들의 잠꼬대로만 여겨서 스스로 안심하고 그대로 자 버리기도 하였다. 그러나 이 수수께끼가 풀릴 때는 왔다. 이 때 공교롭게 한방에 자던 학생 셋이 한꺼번에 잠을 깨었다. 첫째 처녀가 소변을 보러 일어났다가 그 소리를 듣고 둘째 처녀와 셋째 처녀를 깨우고 만 것이다.

"저 소리를 들어 보아요. 아닌 밤중에 저게 무슨 소리야?"
하고 첫째 처녀는 휘둥그레진 눈에 무서워하는 빛을 띤다.

"어젯밤에 나도 저 소리에 놀랐었어. 도깨비가 났단 말인가?"
하고 둘째 처녀도 잠 오는 눈을 비비며 수상해한다. 그 중에 제일 나이 많을뿐더러(많았자 열여덟밖에 아니 되지만) 장난 잘 치고 짓궂은 짓 잘

---

* 점(點) 예전에, 시각을 세던 단위.

하기로 유명한 셋째 처녀는 동무 말을 못 믿겠다는 듯이 이윽히 귀를 기울이다가,

"딴은 수상한걸. 나도 언젠가 한 번 들어 본 법도 하구먼. 무얼, 잠 아니 오는 애들이 이야기를 하는 게지."

이 때에 그 괴상한 소리는 땍때굴 웃었다. 세 처녀는 귀를 소스라쳤다. 적적한 밤 가운데 다른 파동 없는 공기는 수상한 말마디를 곁에서 나 나는 듯이 또렷또렷이 전해 주었다.

"오! 태훈 씨! 그러면 작히* 좋을까요."

간드러진 여자의 목소리다.

"경숙 씨가 좋으시다면 내야 얼마나 기쁘겠습니까. 아아, 오직 경숙 씨에게 바친 나의 타는 듯한 가슴을 이제야 아셨습니까!"

정열에 뜬 사내의 목청이 분명하였다.

한 동안 침묵…….

"이제 고만 놓아요. 키스가 너무 길지 않아요? 행여 남이 보면 어떡해요?"

아양떠는 여자 말씨.

"길수록 더욱 좋지 않아요? 나는 내 목숨이 끊어질 때까지 키스를 하여도 길다고는 못하겠습니다. 그래도 짧은 것을 한하겠습니다."

사내의 피를 뿜는 듯한 이 말끝은 계집의 자지러진 웃음으로 묻혀 버렸다. 그것은 묻지 않아도 사랑에 겨운 남녀의 허물어진 수작이다. 감금이 지독한 이 기숙사에 이런 일이 생길 줄이야! 세 처녀는 얼굴을 마주 보았다. 그들의 얼굴은 놀랍고 무서운 빛이 없지 않았으되 점점 호기심에 번쩍이기 시작하였다.

그들의 머릿속에는 한결같이 로맨틱한 생각이 떠올랐다. 이 안에 있

---

* 작히 작하나. 오죽이나.

는 여자 애인을 보려고 학교 근처를 되돌고 곰돌던* 사내 애인이 타는 듯한 가슴을 걷잡다 못하여 밤이 이슥하기를 기다려 담을 뛰어넘었는지 모르리라.

모든 불이 다 꺼지고 오직 밝은 달빛이 은가루처럼 서린 창문이 소리 없이 열리며 여자 애인이 흰 수건을 흔들어 사내 애인을 부른지도 모르리라.

활동 사진에 보는 것처럼 기나긴 피륙을 내리어서 하나는 위에서 당기고 하나는 밑에서 매달려 디룽디룽하면서* 올라가는 정경이 있었는지 모르리라.

그래서 두 애인은 만나 가지고 저와 같이 사랑의 속삭거림에 잦아졌는지 모르리라……. 꿈결 같은 감정이 안개 모양으로 눈부시게 세 처녀의 몸과 마음을 휩싸돌았다.

그들의 뺨은 후끈후끈 달았다. 괴상한 소리는 또 일어났다.

"난 싫어요. 당신 같은 사내는 난 싫어요."

이번에는 매몰스럽게 내어대는 모양.

"나의 천사, 나의 하늘, 나의 여왕, 나의 목숨, 나의 사랑, 나를 살려 주어요, 나를 구해 주어요."

사내의 애를 졸이는 간청…….

"우리 구경 가 볼까?"

짓궂은 셋째 처녀는 몸을 일으키며 이런 제의를 하였다. 다른 처녀들도 그 말에 찬성한다는 듯이 따라 일어섰으되 의아와 공구*와 호기심이 뒤섞인 얼굴을 서로 교환하면서 얼마쯤 망설이다가 마침내 가만히 문을 열고 나왔다.

---

* 곰돌다 '감돌아들다'의 사투리.
* 디룽디룽하다 물건이 매달려 가볍게 자꾸 흔들리는 모양.
* 공구(恐懼) 몹시 두려움.

쌀벌레 같은 그들의 발가락은 가장 조심성 많게 소리나는 곳을 향해서 곰실곰실 기어간다. 컴컴한 복도에 자다가 일어난 세 처녀의 흰 모양은 그림자처럼 소리 없이 움직였다.

소리 나는 방은 어렵지 않게 찾을 수 있었다. 찾고는 나무로 깎아 세운 듯이 주춤 걸음을 멈출 만큼 그들은 놀랐다. 그런 소리의 출처야말로 자기네 방에서 몇 걸음 안 되는 사감실일 줄이야! 그렇듯이 사내라면 못 먹어 하고 침이라도 뱉을 듯하던 B여사의 방일 줄이야! 그 방에 여전히 사내의 비대발괄하는* 푸념이 되풀이되고 있다……

나의 천사, 나의 하늘, 나의 여왕, 나의 목숨, 나의 사랑, 나의 애를 말려 죽이실 테요. 나의 가슴을 뜯어 죽이실 테요. 내 생명을 맡으신 당신의 입술로…….

셋째 처녀는 대담스럽게 그 방문을 빠끔히 열었다. 그 틈으로 여섯 눈이 방 안을 향해 쏘았다. 이 어쩐 기괴한 광경이냐! 전등불은 아직 끄지 않았는데 침대 위에는 기숙생에게 온 소위 '러브 레터'의 봉투가 너저분하게 흩어졌고 그 알맹이도 여기저기 두서 없이 펼쳐진 가운데 B여사 혼자 —— 아무도 없이 제 혼자 일어나 앉았다.

누구를 끌어당길 듯이 두 팔을 벌리고 안경을 벗은 근시안으로 잔뜩 한 곳을 노리며 그 굴비쪽 같은 얼굴에 말할 수 없이 애원하는 표정을 짓고는 키스를 기다리는 것같이 입을 쫑긋이 내민 채 사내의 목청을 내어 가면서 아까 말을 중얼거린다.

그러다가 그 넋두리가 끝날 겨를도 없이 급작스레 앵돌아서는* 시늉을 내며 누구를 뿌리치는 듯이 연해 손짓을 하며 이번에는 톡톡 쏘는 계집의 음성을 지어,

"난 싫어요. 당신 같은 사내는 난 싫어요."

---

* 비대발괄하다 하소연하면서 간절히 청하다.
* 앵돌아서다 토라져서 홱 돌아서다.

하다가 제물에* 자지러지게 웃는다. 그러더니 문득 편지 한 장을(물론 기숙생에게 온 '러브 레터'의 하나) 집어들어 얼굴에 문지르며,

"정 말씀이야요? 나를 그렇게 사랑하셔요? 당신의 목숨같이 나를 사랑하셔요? 나를, 이 나를."

하고 몸을 추스리는데 그 음성은 분명히 울음의 가락을 띠었다.

"에그머니, 저게 웬일이야!"

첫째 처녀가 소곤거렸다.

"아마 미쳤나 보아, 밤중에 혼자 일어나서 왜 저러고 있을꾸."

둘째 처녀가 맞방망이를 친다……

"에그 불쌍해!"

하고 셋째 처녀는 손으로 고인 때 모르는 눈물을 씻었다.

---

* 제물　제 혼자 스스로의 바람에.

김홍도의 〈서당〉

서투른 도적

창의문 밖 살림을 차린 뒤로 안잠자기 때문에 여간 머리를 앓지 않았다. 개똥에 굴러도 문안이 좋지 그 두메에 누가……. 하고 그들은 처음부터 오기를 싫어한다. 일가 집들의 연줄연줄로 간신히 하나 구해다가 놓으면 잘 있어야 한두 달, 그렇지 않으면 단 사흘이 못 되어 봇짐을 싼다. 속상할 까닭은 여러 가지겠지만 드러내 놓은 이유는 한결같이 '뻐꾹새*와 물소리가 구슬퍼서?' 한다. 불행한 인생의 길을 걷는 그들에겐 집을 에두르는 시냇물 노래와 뒤 산 속에서 새어 흐르는 뻐꾸기의 울음도 시름을 자아낼 뿐인 모양이다. 어둑어둑한 소나무 그늘 밑에 그들은 하염없는 눈물을 씻게 되고 햇빛에 고요히 깃들인 풀 그림자도 까닭없이 그들의 맘을 군성거리게* 하는 듯.

* 뻐꾹새 뻐꾸기. 두견잇과에 딸린 철새.
* 군성거리다 흥분하여 가슴이 자꾸 두근거리다.

뻐꾹새

도회의 번잡과 소음이 도리어 그들의 신경을 무디게 해 주고 심장을 지질러 주는 듯.

아무튼 안잠자기가 붙어 있지 않았다. 병약한 아내의 단손으로는 도저히 살림을 꾸려 나가는 수가 없고 사람은 있어야 될 판이라, 나이 늙든 젊든 일을 잘 하든 못 하든 안잠만 자 준다면 우리는 감지덕지로 위해 올리는 판이었다.

황해도 할멈이 올 때에도 우리는 사람이 없어서 무진 애를 쓰다가 드나드는 기름 장수의 연줄로 간신히 그를 구해 온 터이라 인품과 일새를 볼 겨를도 없었다.

보통집 같으면 대개는 그 할멈을 싫어하였으리라. 첫째는 나이 많아 예순다섯이나 되었으니 세찬 일을 바랄 수 없고, 둘째 너무 추해서 불쾌한 감정을 일으킨다. 일본 호박 모양으로 위아래가 내밀고 눈과 코언저리가 움쑥 들어갔는데 검붉은 버섯으로 덮였고, 가을 바람도 일어난 지 오래인 음력 팔월인 이 때 땀이 차서 해어진 광당포 적삼 하나를 걸쳤고, 잠방이 비슷하게 짧은 베치마가 갈기갈기 찢어졌는데 그 조각마다 기름때가 켜켜이 앉았다. 요새 명색 안잠자기라도 위아래를 인조견으로 휘감고 버듬직하게 양산 한 개쯤 들고 다니는 데 비하면 그야말로 소양지판*이다.

그러나 우리는 와 준 것만 감지덕지다.

"저 나이에 저 꼴을 하고야 설마 오래 붙어 있겠지."

아내도 나를 보고 해죽이 웃으며 도리어 안심하는 눈치를 보였다.

아내의 전하는 말을 들으면 그 할멈은 황해도 안악 사람으로 농토를 빼앗기고 살 길이 없어 아들 부부만 제 시골에 처뜨리고 저는 열세 살 먹은 손자 하나만 데리고 벌이 곳을 찾아 걸어서 서울을 올라왔다. 공

---

* 소양지판 엄청난 차이.

덕리를 중심으로 한 기름 장수에 끼여 삼 원이란 전철량을 들여 장사를 시작해 보았으나, 처음 일이라 단골도 없고 모든 일에 서툴러서 밑천조차 갑살려 버리고 필경 남의 집에나 살아 보자고 나섰더니, 그나마 뜻같이 되지 않아 오늘날까지 동향의 기름 장수의 신세를 입다가 우리 집에 오게 되었다 한다.

하루 이틀은 무사히 지나갔다. 사흘이 못 되어 피차에 얼굴이 조금 익어 가자 그의 호소와 하소연이 육칠월 장마 모양으로 그칠 줄 몰랐다. 그는 아내를 조르다가 못하여 이제는 나만 보면 조르기 시작한다.

"나으리 마님, 저 새끼(제 손자를 가리킴)를 어더렇게 하면 좋쉬까. 댁으로 데리고 와요. 열세 살이라도 못할 일이 없쉬다……."

"저 건넨방이 비지 않었쉬이까. 우리 아들 내외께 좀 빌려 주시까요……. 이 거룩한 댁에서 살게 해 주소."

"돈을 십 원만 선월급으로 미리 좀 주시까요. 서울에 올라올 때 동리 사람에게 진 빚냥을 갚아야 되겠쉬다. 나으리, 사람 좀 살리소……."

그는 제 일신의 모든 어려운 사정을 한꺼번에 해결해 보려는 듯하였다. 처음에는 허허실수 지나치는 말로만 여겼더니 웬걸 차차 그의 하소연이 물론 진정으로 가슴에서 우러나오는 것을 깨달았다. 물에 빠지는 사람이 한 오라기를 부여잡는 모양으로 그는 죽을 힘을 다해서 우리에게 매어달리는 것을 알았다. 그러나 우리에겐 물론 그런 여유가 없었다. 다달이 몇 푼 월급으로 겨우 꾸려 나가는 우리에게 그의 손자를 기르고 그의 아들 부부를 살릴 힘은 어디를 쥐어짜도 나올 턱이 없었다. 식구라야 우리 내외와 다섯먹이 딸 하나, 집이 멀고 명색 밭이라고 산기슭에 몇 고랑 있는 탓에 문안 심부름과 집 거두기에 열아홉 살 먹은 대욱이란 아이를 데린 터이라 안잠자기에 사람 더 둘 필요는 절대로 없었다. 할멈의 사정이 아무리 딱하다 하더라도 부둥부둥 식구를 늘일 수는 없는 노릇이니, 그의 청을 들으랴 들을 수 없었다.

나의 말은 무거웠다. 그에게 동정을 하면 할수록 나의 고통은 컸다. 험난한 이생의 길의 산 표본을 눈앞에 보는 듯하여 나의 가슴만 어두워질 뿐이다.

낮보다도 밤이 더 견디기 어려웠다. 낮에는 나도 집에 붙어 있지 않거니와 자기도 일이 바쁘니 조를 겨를이 없으되, 밤엔 저녁을 먹고 앉으면 그의 애원은 쉴새없이 나의 귀를 울리고 머리를 들먹인다. 두 방에 불 때기가 어려워서 장지로 막은 안방에 우리는 아래칸에 자고 그는 위칸에 자니 한방이나 진배가 없었다. 그의 한숨과 호소는 장지 하나를 격해 폭포수같이 쏟아진다. 그는 좀처럼 잠도 자지 않았다. 내가 깨어 있는 듯한 눈치만 채이면 자기의 원정과 설움과 슬픔을 늘어놓는다.

'이 거룩한 댁에서 자기를 안 살려 주면 누가 살려 주겠느냐.'

내가 꼭 그를 구해야만 될 의무가 있는 것처럼 추근추근하게 굳세게 줄기차게 조르고 볶고 호소하고 애원한다. 불면증이 있는 나는 이따금 뜬눈으로 새기까지 되었다.

잠꼬대처럼 호소를 중얼거리다가도 그는 흔히 고단한 꿈을 맺는 모양이나 이 꿈이 도무지 길지 않았다. 높던 소리는 이내 깊은 한숨으로 변한다. 그렇다! 그것은 정말 깊은 한숨이다. 바닷속 깊이 파도가 이는 모양으로 '우후우.' 하는 처참한 울림을 낸다. 그의 천 마디 만 마디 말보다도 이 한숨이야말로 그의 슬픔과 번민과 고통을 가장 웅변으로 설명해 준다. 나는 잠결에도 이 한숨 소리만 들으면 번쩍 하고 눈이 떠진다. 열 손, 스무 손이 나를 흔들어 깨운다 한들 이 인생의 최후의 휘파람 같은 무겁고 우렁차고 비통한 이 울림처럼 나의 맘을 뒤흔들고 맘을 움직이지 못하였으리라. 나는 그만 잠을 잊어버린다. 그 산란한 괴로운 숨길! 그 탄력없는 늙고 무거운 팔다리가 이리저리로 뒤척거리는 둔한 음향!

그는 청을 하다하다 듣지 않으니까 대욱이를 미워하기 시작하였다.

'저놈만 없으면 내 손자가 있게 될 텐데.'

하고 내심으로 생각하는 모양이다. 세 끼의 밥도 잘 찾아 주지도 않고 더구나 된장찌개 하나 잘 만들어 주지 않았다. 나중에는,

　'저애는 다 컸으니 어디를 가도 제 구실을 할 터이니 그만 내어보내고 자기 손자를 갖다 두자.'

고 노골적으로 아내를 졸랐던 모양이다.

　눈여린 아내는 처음엔 그를 위하여 눈물까지 흘린 일이 있었으나 이 요구에는 어이가 없었다.

　"아무리 제 자식을 위한다 한들 어쩌면 있는 사람을 내보내라고까지 한단 말요. 다 같은 처지에……. 심청이 나빠."

하고 눈의 밖에 나게 되었다.

　할멈이 온 지 한 열흘쯤 지냈으리라.

　그는 내일쯤 제 손자를 찾아보고나 오겠다고 청했다. 우리는 물론 허락하였다. 오늘 낮쯤 갈 터인데 오늘 아침에 생긴 일이다.

　나는 어젯밤에도 잠을 잘 못 자고 심기가 좋지 못한 대로 뒷동산을 한 바퀴 돌아 내려오니까 아내가 파랗게 질려서 할멈과 무어라 떠드는 소리가 들렸다.

　그 사단은 이러하다. 할멈이 일어나 나간 뒤로 아내가 나가 보니 마룻바닥에 쌀낟이 흩어져 있었다. 밥쌀을 내다가 떨어뜨린 것인가 하였더니, 자세히 살펴보니 마루로부터 뜰로, 뜰로부터 우물 가는 길로 쌀이 줄을 그은 것처럼 흘려 있었다. 하도 이상해서 할멈 뒤를 쫓아가 보니까 그의 걷는 대로 쌀이 줄줄 흘러내린 것을 발견하였다. 필경 할멈의 품 속에 쌀을 감추어 둔 것이 발견되었다 한다. 그는 헌털뱅이 전대 하나를 주워서 쌀을 불룩하게 집어넣어 가지고 가슴 밑에 찼는데 전대의 구멍이 뚫어져서 그의 걷는 대로 쌀이 흐르게 된 것이었다.

　나는 그대로 출근했다가 저녁때 돌아와서 할멈을 물었더니 그는 품 속에서 훔친 쌀을 도로 내어놓고 백배 사죄하며 손자한테로 갔다 한다.

손버릇이 나쁘니 물론 집에 둘 수가 없어서 날짜를 따져 월급을 주어서 아주 보내고 말았다 한다.

우리가 한번 이야기를 하고 있노라니까 대욱이가 뒷간에 갔다가 나오더니 싱글싱글 웃으면서 우리 앞에 동전 서 푼을 내어놓는다.

"그 도적년이 이걸 뒷간에 내어놓고 갔어요. 파출소에 끌고 간다고 했더니 아마 겁이 난 게지요. 어린애가 가지고 놀던 동전까지 다 훔치고……. 망할 년 같으니……."

대욱이는 자못 분개한 중에도 어이없어서 웃는다. 이번 사건에 대욱이가 제일 치를 떨었다. 고지식한 그는 그런 짓을 하니까 없는 사람이 대접을 못 받는다고 펄펄 뛰며 할멈을 맞대해 놓고 욕지거리를 하며 징역을 살린다고 으름장을 놓았다 한다. 나는 그 할멈의 한 일을 서투른 도적의 노릇으로 웃어 버리기엔 너무 맘이 저리었다.

대욱의 말마따나 할멈은 과연 파출소를 겁내었을까? 아무도 몰래 안전하게 제 품 속에 든 동전 서 푼이 귀신 아닌 사람에게 발각되리라고 믿었을까? 사랑하는 손자에게 옥춘당*으로나 변할 그 귀중한 동전 서 푼을 확실치 않은 겁결에 그리 쉽사리 내어놓았을까?

그는 일부러 동전 서 푼을 내어던진 것이다. 네 보라는 듯이 내어던진 것이다!

'섬으로 있는 쌀을 몇 줌 훔친들 어떻단 말이냐. 굶주리는 내 손자에게 한 끼 이밥을 해 준들 어떻단 말이냐. 무슨 대사냐, 품 속에 넣은 쌀까지 우벼 뺏는 알뜰한 요것들아, 이 동전 서 푼이나마 마저 받아라! 그리고 잘 살아라!'

마음 속으로 외치며 이 동전을 던진 것이다. 우리의 얼굴을 향해 이 동전 서 푼을 후려갈긴 것이다…….

---

* 옥춘당(玉春糖) 쌀가루로 나뭇잎이나 그 밖의 여러 모양으로 빛깔을 넣어 만든 사탕 과자.

술 권하는 사회

"아이구, 아야."

홀로 바느질을 하고 있던 아내는 얼굴을 살짝 찌푸리고 가늘고 날카로운 소리로 부르짖었다. 바늘 끝이 왼손 엄지손가락 손톱 밑을 찔렀음이다. 그 손가락은 가늘게 떨고 하얀 손톱 밑으로 앵둣빛 같은 피가 비친다. 그것을 볼 사이도 없이 아내는 얼른 바늘을 빼고 다른 손 엄지손가락으로 그 상처를 누르고 있다. 그러면서 하던 일가지를 발꿈치로 고이고이 밀어 내려놓았다. 이윽고 눌렀던 손을 떼어 보았다. 그 언저리는 인제 다시 피가 아니 나려는 것처럼 혈색이 없다. 하더니, 그 희던 꺼풀 밑에 다시금 꽃물이 차츰차츰 밀려온다. 보일 듯 말 듯한 그 상처로부터 좁쌀낟 같은 핏방울이 송송 솟는다. 또 아니 누를 수 없다. 이만하면 그 구멍이 아물었으려니 하고 손을 떼면 또 얼마 아니 되어 피가 비치어 나온다.

인제 헝겊 오락지로 처매는 수밖에 없다. 그 상처를 누른 채 그는 바느질고리에 눈을 주었다. 거기 쓸 만한 오락지는 실패 밑에 있다. 그 실패를 밀어 내고 그 오락지를 두 새끼손가락 사이에 집어올리려고 한 동안 애를 썼다. 그 오락지는 마치 풀로 붙여 둔 것같이 고리 밑에 착 달라붙어 세상 집혀지지 않는다. 그 두 손가락은 헛되이 그 오락지 위를 긁적거리고 있을 뿐이다.

"왜 집혀지지를 않아!"

그는 마침내 울 듯이 부르짖었다. 그리고 그것을 집어 줄 사람이 없나 하는 듯이 방 안을 둘러보았다. 방 안은 텅 비어 있다. 어느 뉘 하나 없다. 호젓한 허영만 그를 휩싸고 있다. 바깥도 죽은 듯이 고요하다. 시시로 퐁퐁 하고 떨어지는 수도의 물방울 소리가 쓸쓸하게 들릴 뿐. 문득 전등불이 광채를 더하는 듯하였다. 벽상에 걸린 괘종*의 거울이 번들하며, 새로 한 점을 가리키려는 시침이 위협하는 듯이 그의 눈을 쏜다. 그의 남편은 그 때껏 돌아오지 않았었다.

아내가 되고 남편이 된 지는 벌써 오랜 일이다. 어느덧 7,8년이 지났으리라. 하건만 같이 있어 본 날을 헤아리면 단 일 년이 될락말락한다. 막 그의 남편이 서울서 중학을 마쳤을 제 그와 결혼하였고, 그러자마자 고만 동경에 부급*한 까닭이다. 거기서 대학까지 졸업을 하였다.

이 길고 긴 세월에 아내는 얼마나 괴로웠으며 외로웠으랴! 봄이면 봄, 겨울이면 겨울, 웃는 꽃을 한숨으로 맞았고 얼음 같은 베개를 뜨거운 눈물로 덮혔다. 몸이 아플 때, 마음이 쓸쓸할 제, 얼마나 그가 그리웠으랴! 하건만 아내는 이 모든 고생을 이를 악물고 참았었다. 참을 뿐이 아니라 달게 받았었다. 그것은 남편이 돌아오기만 하면! 하는 생각이 그에게 위로를 주고 용기를 준 까닭이었다. 남편이 동경에서 무엇을

＊ 괘종(掛鐘) 벽이나 기둥 따위에 걸게 된 시계.
＊ 부급 타향으로 책을 지고 공부하러 감.

괘종

하고 있나? 공부를 하고 있다. 공부가 무엇인가? 자세히 모른다. 또 알려고 애쓸 필요도 없다. 어찌하였든지 이 세상에 제일 좋고 제일 귀한 무엇이라 한다. 마치 옛날 이야기에 있는 도깨비의 부자 방망이 같은 것이어니 한다. 옷 나오라면 옷 나오고, 밥 나오라면 밥 나오고, 돈 나오라면 돈 나오고……. 저 하고 싶은 무엇이든지 청해서 아니 되는 것이 없는 무엇을 동경에서 얻어 가지고 나오려니 하였었다. 가끔 놀러 오는 친척들이 비단옷 입은 것과 금지환 낀 것을 볼 때에 그 당장엔 마음 그윽히 부러워도 하였지만 나중엔 '남편만 돌아오면——.' 하고 그것에 경멸하는 시선을 던졌다.

남편이 돌아왔다. 한 달이 지나가고 두 달이 지나간다. 남편의 하는 행동이 자기의 기대하던 바와 조금 배치되는* 듯하였다. 공부 아니한 사람보다 조금도 다른 것이 없었다. 아니다, 다르다면 다른 점도 있다. 남은 돈벌이를 하는데 그의 남편은 도리어 집안 돈을 쓴다. 그러면서도 어디인지 분주히 돌아다닌다. 집에 들면 정신 없이 무슨 책을 보기도 하고 또는 밤새도록 무엇을 쓰기도 하였다.

'저러는 것이 참말 부자 방망이를 맨드는 것인가 보다.'

아내는 스스로 이렇게 해석한다.

또 두어 달 지나갔다. 남편의 하는 일은 늘 한 모양이었다. 한 가지 더한 것은 때때로 깊은 한숨을 쉬는 것뿐이었다. 그리고 무슨 근심이 있는 듯이 얼굴을 펴지 않았다. 몸은 나날이 축이 나 간다.

'무슨 걱정이 있는고?'

아내는 따라서 근심을 하게 되었다. 하고는 그 여윈 것을 보충하려고 갖가지로 애를 썼다. 곧 될 수 있는 대로 그의 밥상에 맛난 반찬가지를 붙게 하며 또 고음 같은 것도 만들었다. 그런 보람도 없이 남편은 입맛

---

* **배치(背馳)되다** 반대쪽으로 향하여 어긋나다.

이 없다 하며 그것을 잘 먹지도 않았었다.

또 몇 달이 지나갔다. 인제 출입을 뚝 끊고 늘 집에 붙어 있다. 걸핏하면 성을 낸다. 입버릇 모양으로 화난다, 화난다 하였다.

어느 날 새벽, 아내가 어렴풋이 잠을 깨어 남편의 누웠던 자리를 더듬어 보았다. 쥐이는 것은 이불자락뿐이다. 잠결에도 조금 실망을 아니 느낄 수 없었다. 잃은 것을 찾으려는 것처럼 눈을 부시시 떴다. 책상 위에 머리를 쓰러뜨리고 두 손으로 그것을 움켜쥐고 있는 남편을 보았다. 흐릿한 의식이 돌아옴에 따라 남편의 어깨가 덜썩덜썩 움직임도 깨달았다. 흑흑 느끼는 소리가 귀를 울린다. 아내는 정신을 바짝 차렸다. 불현듯이 몸을 일으켰다.

이윽고 아내의 손은 가볍게 남편의 등을 흔들며 목에 걸리고 나오지 않는 소리로,

"왜 이러고 계셔요."

라고 물어 보았다.

"……."

남편은 아무 대답이 없다. 아내는 손으로 남편의 얼굴을 괴어 들려고 할 즈음에 그것이 뜨뜻하게 눈물에 젖는 것을 깨달았다.

또 한 두어 달 지나갔다. 처음처럼 다시 출입이 자주로웠다. 구역이 날 듯한 술 냄새가 밤늦게 돌아오는 남편의 입에서 나게 되었다. 그것은 요사이 일이다. 오늘 밤에도 지금까지 돌아오지 않았다. 초저녁부터 아내는 별별 생각을 다 하면서 남편을 고대고대하고 있었다. 지리한 시간을 속히 보내려고 치웠던 일가지를 또 꺼내었다. 그것조차 뜻같이 아니 되었다. 때때로 바늘이 헛되이 움직이었다. 마침내 그것에 찔리고 말았다.

"어데를 가서 이 때껏 오시지 않아!"

아내는 이제 아픈 것도 잊어버리고 짜증을 내었다. 잠깐 그를 떠났던

공상과 환영*이 다시금 그의 머리에 떠돌기 시작하였다. 이상한 꽃을 수놓은 흰 보 위에 맛난 요리를 담은 접시가 번쩍인다. 여러 친구와 술을 권커니 작커니 하는 광경이 보인다. 그의 남편은 미친 듯이 껄껄 웃는다. 나중에는 검은 휘장이 스르르 하는 듯이 그 모든 것이 사라져 버리더니 낭자한 요릿상만이 보이기도 하고 술병만 희게 빛나기도 하고 아까 그 기생이 한 팔로 땅을 짚고 진저리를 쳐 가며 웃는 꼴이 보이기도 하였다. 또한 남편이 길바닥에 쓰러져 우는 것도 보였다.

"문 열어라!"

문득 대문이 덜컥 하고 혀가 꼬부라진 소리로 부르는 듯하였다.

"네."

저도 모르게 대답을 하고 급히 마루로 나왔다. 잘못 신은, 발에 아니 맞는 신을 질질 끌면서 대문으로 달렸다. 중문은 아직 잠그지도 않았고 행랑방에 사람이 없지 않지마는 으레 깊은 잠에 떨어졌을 줄 알고 자기가 뛰어나감이었다. 가느름한 손이 어둠 속에서 희게 빗장을 잡고 한참 실랑이를 한다. 대문은 열렸다. 밤 바람이 선득하게 얼굴에 안친다. 문 밖에는 아무도 없다! 온 골목에 사람의 그림자도 볼 수 없다. 검푸른 밤빛이 허연 길 위에 그물그물 깃들었을 뿐이었다.

아내는 무엇에 놀란 사람 모양으로 한참 멀거니 서 있었다. 문득 급거히 대문을 닫친다. 마치 그 열린 사이로 악마나 들어올 것처럼.

"그러면 바람 소리였구먼."

하고 싸늘한 뺨을 쓰다듬으며 해쭉 웃고 발길을 돌리었다.

"아니 내가 분명히 들었는데……. 혹 내가 잘못 보지를 않았나?…… 길바닥에나 쓰러져 있었으면 보이지도 않을 터야……."

중간문까지 다다르자 별안간 이런 생각이 그의 걸음을 멈추게 하였다.

---

* 환영(幻影) 마음에 떠오르게 하는 모습이나 형체.

"대문을 또 좀 열어 볼까?…… 아니야, 내가 헛들었지. 그래도 혹…… 아니야, 내가 헛들었지."

망설거리면서도 꿈꾸는 사람 모양으로 저도 모를 사이에 마루까지 올라왔다. 매우 기묘한 생각이 번개같이 그의 머리에 번쩍인다.

"내가 대문을 열었을 제 나 몰래 들어오지나 않았나?"

과연 방 안에 무슨 소리가 나는 것 같았다. 확실히 사람의 기척이 있다. 어른에게 꾸중 모시러 가는 어린애처럼 조심조심 방문 앞에 왔다. 그리고 문간 아래로 손을 대며 하염없이 웃는다. 그것은 제 잘못을 용서해 줍시사 하는 어린애 같은 웃음이었다. 조심조심 방문을 열었다. 이불이 어째 움직움직하는 듯하였다.

'나를 속이랴고 이불을 쓰고 누웠구먼.'

하고 마음 속으로 소곤거렸다. 가만히 내려앉는다. 그 모양이 이것을 건드려서는 큰일이 나지요 하는 듯하였다. 이불을 펄쩍 쳐들었다. 빈 요가 하얗게 드러난다. 그제야 확실히 아니 온 줄 안 것처럼,

"아니 왔구먼, 안 왔어!"

라고 울 듯이 부르짖었다.

남편이 돌아오기는 새로 두 점이 훨씬 지난 뒤였다. 무엇이 털썩하는 소리가 들리고 잇달아,

"아씨, 아씨!"

라고 부르는 소리가 귀를 때릴 때에야 아내는 비로소 아직도 앉았을 자기가 이불 위에 쓰러져 있음을 깨달았다. 기실, 잠귀 어두운 할멈이 대문을 열었으리만큼 아내는 깜박 잠이 깊이 들었었다. 하건만 그는 몽경*에서 방황하는 정신을 당장에 수습하였다. 두어 번 얼굴을 쓰다듬자 불

---

* 몽경(夢境) 꿈. 꿈 속.

현듯 밖으로 나왔다.

　남편은 한 다리를 마루 끝에 걸치고 한 팔을 베고 옆으로 누워 있다. 숨소리가 씨근씨근 한다. 막 구두를 벗기고 일어나 할멈은 검붉은 상을 찡그려 붙이며,

　"어서 일어나 방으로 들어가세요."

라고 한다.

　"응, 일어나지."

　나리는 혀를 억지로 돌리어 코와 입으로 대답을 하였다. 그래도 몸은 꿈쩍도 않는다. 도리어 그 개개 풀린 눈을 자려는 것처럼 스르르 감는다. 아내는 눈만 비비고 서 있다.

"어서 일어나셔요. 방으로 들어가시라니까."

이번에는 대답조차 아니 한다. 그 대신 무엇을 잡으려는 것처럼 손을 내어젓더니,

"물, 물, 냉수를 좀 주어."

라고 중얼거렸다.

할멈은 얼른 물을 떠다 이취자*의 코 밑에 놓았건만 그 사이에 벌써 아까 청을 잊은 것같이 취한 이는 물을 먹으려고도 않는다.

"왜 물을 아니 잡수셔요?"

곁에서 할멈이 깨우쳤다.

"응, 먹지 먹어."

하고 그제야 주인은 한 팔을 짚고 고개를 든다. 한꺼번에 물 한 대접을 다 들이켜 버렸다. 그리고는 또 쓰러진다.

"에그, 또 눕네."

하고 할멈은 우물로 기어드는 어린애를 안으려는 모양으로 두 손을 내어민다.

"할멈은 고만 가 자게."

주인은 귀치않다는 듯이 말을 한다.

이를 어찌해 하는 듯이 멀거니 서 있는 아내도, 할멈이 고만 갔으면 하였다. 남편을 붙들어 일으킬 생각이야 간절하였지마는 할멈이 보는데 어찌 그럴 수 없는 것 같았다. 혼인한 지가 칠팔 년이 되었으니 그런 파수*야 되었으련만 같이 있어 본 날을 꼽아 보면 그는 아직 갓 시집온 색시였다.

'할멈은 가 자게.'

란 말이 목까지 올라왔지만 입술에서 사라지고 말았다. 마음 그윽히 할

＊ 이취자(泥醉者) 엉망으로 술이 취한 사람.
＊ 파수(破羞) 부끄러움이 없게 됨.

멈이 돌아가기만 기다릴 뿐이었다.

"좀 일으켜 드려야지."

가기는커녕 이런 말을 하고 할멈은 선웃음을 치면서 마루로 부득부득 올라온다. 그 모양은 마치 주인 나리가 약주가 취하시거든 방에까지 모셔다 드려야 제 도리에 옳지요 하는 듯하였다.

"자아, 자아."

할멈은 아씨를 보고 히히 웃어 가며 나리의 등 밑으로 손을 넣는다.

"왜 이래, 왜 이래. 내가 일어날 테야."

하고 몸을 움직이더니 정말 주인이 부시시 일어난다. 마루를 쾅쾅 눌러 디디며 비틀비틀 곧 쓰러질 듯한 보조로 방문을 향하여 걸어간다. 와지끈 하며 문을 열어젖히고는 방 안으로 들어간다. 아내도 뒤따라 들어왔다. 할멈은 중간턱을 넘어설 제, 몇 번 혀를 차고는 저 갈 데로 가 버렸다.

벽에 엇비슷하게 기대어 있는 남편은 무엇을 생각하는 듯이 고개를 숙이고 있다. 그의 말라붙은 관자놀이에 펄떡거리는 푸른 맥을 아내는 걱정스럽게 바라보면서 남편 곁으로 다가온다. 아내의 한 손은 양복깃을, 또 한 손은 그 소매를 잡으며 화한* 목성으로,

"자아, 벗으셔요."

하였다. 남편은 문득 미끄러지는 듯이 벽을 타고 내려앉는다. 그의 쭉 뻗친 발 끝에 이불자락이 저리로 밀려간다.

"에그, 왜 이리 하셔요. 벗자는 옷은 아니 벗으시고."

그 서슬에 넘어질 뻔한 아내는 애닯게 부르짖었다. 그러면서도 같이 따라 앉는다. 그의 손은 또 옷을 잡았다.

"옷이 꾸겨집니다. 제발 좀 벗으셔요."

라고 아내는 애원을 하며 옷을 벗기려고 애를 쓴다. 하나, 취한 이의 등

* 화(和)하다 날씨나 마음, 태도 따위가 따뜻하고 부드럽다.

이 천 근같이 벽에 척 들러붙었으니 벗겨질 리가 없다. 애를 쓰다쓰다
옷을 놓고 물러앉으며,

"원 참, 누가 술을 이처럼 권하였노."

라고 짜증을 낸다.

"누가 권하였노? 누가 권하였노? 흥 흥."

남편은 그 말이 몹시 귀에 거슬리는 것처럼 곱삶는다.

"그래, 누가 권했는지 마누라가 좀 알아 내겠소?"

하고 껄껄 웃는다. 그것은 절망의 가락을 띤 쓸쓸한 웃음이었다. 아내
도 따라 방긋 웃고는 또 옷을 잡으며,

"자아, 옷이나 먼저 벗으셔요. 이야기는 나중에 하지요. 오늘 밤에 잘
주무시면 내일 아침에 알으켜 드리지요."

"무슨 말이야, 무슨 말이야. 왜 오늘 일을 내일로 미루어. 할 말이 있
거든 지금 해!"

"지금은 약주가 취하셨으니, 내일 약주가 깨시거든 하지요."

"무엇? 약주가 취해서?"

하고 고개를 쩔레쩔레 흔들며,

"천만에, 누가 술이 취했단 말이오. 내가 공연히 이러지. 정신은 말뚱
말뚱 하오. 꼭 이야기하기 좋을 만해. 무슨 말이든지……, 자아."

"글쎄, 왜 못 잡수시는 약주를 잡수셔요. 그러면 몸에 축이 나지 않아
요."

하고 아내는 남편의 이마에 흐르는 진땀을 씻는다.

이취자는 머리를 흔들며,

"아니야, 아니야, 그런 말을 듣자는 것이 아니야."

하고 아까 일을 추상하는 것처럼 말을 끊었다가 다시금 말을 이어,

"옳지, 누가 나에게 술을 권했단 말이오? 내가 술이 먹고 싶어서 먹
었단 말이오?"

"자시고 싶어 잡수신 건 아니지요. 누가 당신께 약주를 권하는지 내가 알아 낼까요? 저…… 첫째는 화증이 술을 권하고, 둘째는 하이칼라가 약주를 권하지요."

아내는 살짝 웃는다. 내가 어지간히 알아맞혔지요 하는 모양이었다. 남편은 고소한다.

"틀렸소, 잘못 알았소. 화증이 술을 권하는 것도 아니고, 하이칼라가 술을 권하는 것도 아니오. 나에게 권하는 것은 따로 있어. 마누라가 내가 어떤 하이칼라한테나 홀려 다니거나, 그 하이칼라가 늘 내게 술을 권하거니 하고 근심을 했으면 그것은 헛걱정이지. 나에게 하이칼라는 아무 소용도 없소. 나의 소용은 술뿐이오. 술이 창자를 휘돌아 이것저것을 잊게 맨드는 것을 나는 취할 뿐이오."

하더니 홀연 어조를 고쳐 감개 무량하게,

"아아, 유위유망*한 머리를 알코올로 마비 아니 시킬 수 없게 하는 그것이 무엇이란 말이오."

하고 긴 한숨을 내어쉰다. 물큰물큰한 술 냄새가 방 안에 흩어진다.

아내에게는 그 말이 너무 어려웠다. 고만 묵묵히 입을 다물었다. 눈에 보이지 않는 무슨 벽이 자기와 남편 사이에 깔리는 듯하였다. 남편의 말이 길어질 때마다 아내는 이런 쓰디쓴 경험을 맛보았다. 이런 일은 한두 번이 아니었다. 이윽고 남편은 기막힌 듯이 웃는다.

"흥, 또 못 알아듣는군. 묻는 내가 그르지, 마누라야 그런 말을 알 수 있겠소. 내가 설명해 드리지. 자세히 들어요. 내게 술을 권하는 것은 화증도 아니고 하이칼라도 아니요, 이 사회란 것이 내게 술을 권한다오. 이 조선 사회란 것이 내게 술을 권한다오. 알았소? 팔자가 좋아서 조선에 태어났지 딴 나라에 났더면 술이나 얻어먹을 수 있

---

* 유위유망(有爲有望) 무엇을 할 수 있는 가망이 있음.

나⋯⋯."

사회란 무엇인가? 아내는 또 알 수가 없었다. 어찌하였든 딴 나라에는 없고 조선에만 있는 요릿집 이름이어니 한다.

"조선에 있어도 아니 다니면 그만이지요."

남편은 또 아까 웃음을 재우친다. 술이 정말 아니 취한 것같이 또렷또렷한 어조로,

"허허, 기막혀. 그 한 분자된 이상에야 다니고 아니 다니는 게 무슨 상관이야. 집에 있으면 아니 권하고, 밖에 나가야 권하는 줄 아는가 보아. 그런 게 아니야. 무슨 사회 사람이 있어서 밖에만 나가면 나를 꼭 붙들고 술을 권하는 게 아니야, ⋯⋯ 무어라 할까? ⋯⋯ 저 우리 조선 사람으로 성립된 이 사회란 것이 내게 술을 아니 못 먹게 한단 말이오. ⋯⋯ 어째 그렇소?⋯⋯ 또 내가 설명을 해 드리지. 여기 회를 하나 꾸민다 합시다. 거기 모이는 사람 놈 치고 처음은 민족을 위하느니 사회를 위하느니 그러는데, 제 목숨을 바쳐도 아깝지 않느니 아니 하는 놈이 하나도 없어. 하다가 단 이틀이 못 되어, 단 이틀이 못 되어⋯⋯."

한층 소리를 높이며 손가락을 하나씩 둘씩 꼽으며,

"되지 못한 명예 싸움, 쓸데없는 지위 다툼질, 내가 옳으니 네가 그르니, 내 권리가 많으니 네 권리가 적으니⋯⋯, 밤낮으로 서로 찢고 뜯고 하지. 그러니 무슨 일이 되겠소. 회뿐이 아니라 회사이고 조합이고⋯⋯ 우리 조선놈들이 조직한 사회는 다 그 조각이지. 이런 사회에서 무슨 일을 한단 말이오. 하려는 놈이 어리석은 놈이야. 적이 정신이 바로 박힌 놈은 피를 토하고 죽을 수밖에 없지. 그렇지 않으면 술밖에 먹을 게 도무지 없지. 나도 전자에는 무엇을 좀 해 보겠다고 애도 써 보았어. 그것이 모다 수포야. 내가 어리석은 놈이었지. 내가 술을 먹고 싶어 먹는 게 아니야. 요사이는 좀 낫지마는 처음 배울 때에

는 마누라도 알다시피 죽을 애를 썼지. 그 먹고 난 뒤에 괴로운 것이야 겪어 본 사람이 아니면 알 수 없지. 머리가 지끈지끈 아프고 먹은 것은 다 돌아 올라오고——. 그래도 아니 먹은 것보담 나았어. 몸은 괴로워도 마음은 괴롭지 않았으니까. 그저 이 사회에서 할 것은 주정꾼 노릇밖에 없어……."

"공연히 그런 말 말아요. 무슨 노릇을 못 해서 주정꾼 노릇을 해요. 남이라서……."

아내는 부지불식간에* 흥분이 되어 열기 있는 눈으로 남편을 바라보고 불쑥 이런 말을 하였다. 그는 제 남편이 이 세상에 가장 거룩한 사람이어니 한다. 따라서 어느 뉘보다 제일 잘 될 줄 믿는다. 몽롱하나마 그의 목적이 원대하고 고상한 것도 알았다. 얌전하던 그가 술을 먹게 된 것은 일이 맘대로 아니 되어 화풀이로 그러는 줄도 어렴풋이 깨달았다. 그러나 술은 노상 먹을 것이 아니다. 그러면 패가 망신*하고 만다. 그러므로 하루바삐 그 화가 풀리었으면, 또다시 얌전하게 되었으면 하는 생각이 그의 머리를 떠날 때가 없었다. 그리고 그 날이 꼭 올 줄 믿었다. 오늘부터는, 내일부터는……. 하건만 남편은 어제도 술이 취하였다. 오늘도 한 모양이다. 자기의 기대는 나날이 틀려 간다. 좇아서 기대에 대한 자신도 엷어 간다. 애닯고 원한 생각이 가끔 그의 가슴을 누른다. 더구나 수척해 가는 남편의 얼굴을 볼 때에 그런 감정을 걷잡을 수 없었다. 지금 저도 모르게 흥분한 것이 또한 무리가 아니었다.

"그래도 못 알아듣네그려. 참, 사람 기막혀. 본정신 가지고는 피를 토하고 죽든지 물에 빠져 죽든지 하지, 하루라도 살 수가 없단 말이야. 흉장이 막혀서 못 산단 말이야. 에엣, 가슴 답답해."

라고 남편은 소리를 지르고 괴로워서 못 견디는 것처럼 얼굴을 찌푸리

---

* 부지불식간(不知不識間)에 생각지도 알지도 못하는 사이.
* 패가 망신(敗家亡身) 집안의 재산을 탕진하고 몸을 망침.

며 미친 듯이 제 가슴을 쥐어뜯는다.

"술 아니 먹는다고 흉장이 막혀요?"

남편의 하는 짓은 본체만체하고 아내는 얼굴을 더욱 붉히며 부르짖었다.

그 말에 몹시 놀란 것처럼 남편은 어이없이 아내의 얼굴을 바라보더니 그 다음 순간에는 말할 수 없는 고뇌의 그림자가 그의 눈을 거쳐 간다.

"그르지, 내가 그르지. 너 같은 숙맥*더러 그런 말을 하는 내가 그르지. 너한테 조금이라도 위로를 얻으려는 내가 그르지. 후우."

스스로 탄식한다.

"아아, 답답해!"

문득 기막힌 듯이 외마디 소리를 치고는 벌떡 몸을 일으킨다. 방문을 열고 나가려 한다.

왜 내가 그런 말을 하였던고? 아내는 불시에 후회하였다. 남편의 저고리 뒷자락을 잡으며 안타까운 소리로,

"왜 어디로 가셔요. 이 밤중에 어디를 나가셔요. 내가 잘못하였습니다. 인제는 다시 그런 말을 아니 하겠습니다. …… 그러게 내일 아침에 말을 하자니까……."

"듣기 싫어, 놓아, 놓아요."

하고 남편은 아내를 떠다밀치고 밖으로 나간다. 비틀비틀 마루 끝까지 가서는 털썩 주저앉아 구두를 신기 시작한다.

"에그, 왜 이리 하셔요. 인제 다시 그런 말을 아니 한대도……."

아내는 뒤에서 구두 신으려는 남편의 팔을 잡으며 말을 하였다. 그의 손은 떨고 있었다. 그의 눈에는 단박에 눈물이 쏟아질 듯하였다.

"이건 왜 이래, 저리로 가!"

＊ 숙맥(菽麥) '어리석고 못난 사람'의 비유.

배앝는 듯이 말을 하고 휙 뿌리친다. 남편의 발길이 뚜벅뚜벅 중문에 다다랐다. 어느덧 그 밖으로 사라졌다. 대문 빗장 소리가 덜컥 하고 난다. 마루 끝에 떨어진 아내는 헛되이 몇 번,

"할멈! 할멈!"

하고 불렀다. 고요한 밤 공기를 울리는 구두 소리는 점점 멀어 간다. 발자취는 어느덧 골목 끝으로 사라져 버렸다. 다시금 밤은 적적히 깊어 간다.

"가 버렸구면, 가 버렸어!"

그 구두 소리를 영구히 아니 잃으려는 것처럼 귀를 기울이고 있는 아내는 모든 것을 잃었다 하는 듯이 부르짖었다. 그 소리가 사라짐과 함께 자기의 마음도 사라지고, 정신도 사라진 듯하였다. 심신이 텅 비어진 듯하였다. 그의 눈은 하염없이 검은 밤 안개를 물끄러미 바라보고 있다. 그 사회란 독한 꼴을 그려 보는 것같이.

쓸쓸한 새벽 바람이 싸늘하게 가슴에 부딪힌다. 그 부딪히는 서슬에 잠 못 자고 피곤한 몸이 부서질 듯이 지긋하였다.

죽은 사람에게서뿐 볼 수 있는 해쓱한 얼굴이 경련적으로 떨며 절망한 어조로 소곤거렸다.

"그 몹쓸 사회가 왜 술을 권하는고!"

타락자

1

우리 둘이 —— C와 나 —— 명월관 지점에 왔을 때는 오후 일곱 점이 조금 지났을 적이었다. 봄은 벌써 반이 가까웠건만 찬바람이 오히려 사람의 살점을 에이는 작년 이월 어느 날이다. 우리가 거기 간 것은 우리 사에 처음 들어온 K군의 초대를 받은 까닭이었다.

이런 요리점에 오기가 그 날이 처음은 아니다. 처음이 아니라면 많이 다닌 것 같지만 그런 것도 아니니 이번까지 어울려야 겨우 세 번밖에는 더 안 된다. 나는 이런 연회석에 참례할 적마다 매우 즐거웠다. 기다란 요리상을 중심으로 여러 사람이 둘러앉아 웃고 떠들며 술도 마시고 요리도 먹는 것이 좋았음이라. 아니, 그것보다도 나의 가슴을 뛰게 한 것은 기생을 볼 수 있음이었다. 친할 수 있음이었다.

"무엇 때문에?"

이 물음에 답하기 전에 나는 잠깐 나의 경우를 설명해 두고 싶다. 나는 일본에서 공부를 하다가 중도에 폐학 안 할 수 없게 된 사람이다. 그것은 어느덧 이 년 전의 일이다.

나도 공부할 적에는 모범적 학생, 유망한 청년이란 칭찬을 들었었다. 기실 그것이 허예*가 아니었다. 남은 히비야 운동장에서 뛰고 아사쿠사 구 놀이터에서 정신을 잃을 때에도 나는 한 자라도 알려 하며 두 자라도 배우려 하였다. 나는 공일도 모르고 휴일에도 쉬지 않았었다. 나의 유일의 벗은 서책뿐이었다. 나에게 위안을 주고 오락을 주는 것은 오직 지식뿐이었다.

창 틈으로 새어 오는 찬바람에 인한 잠이 깨어지고 선선한 달빛이 찬 물처럼 외로운 베개를 적시는 새벽, 사향의 눈물을 뿌리다가도 갑자기 머리맡에 두었던 책을 집어들었었다. 이대도록 나는 공부에 열광적이었다. 공부만 하고 보면 위대한 인물이 될 수 있다. 내가 숭배하는 영웅호걸도 따를 수 있다. 그보다 지나간들 무엇이 어려우랴! 나는 까마득하나마 광채 찬란한 장래를 꿈꾸었다. 나의 환영은 희망의 붉은 꽃이 필 대로 핀 꽃밭 사이로 떠돌았었다. 물론 나는 이 꿈을 믿었었다. 이 환영을 참으로 여기었다.

그러나! 심술궂은 운명은 그것을 흥뎅이치고 말았다. 불의에 오촌 당숙이 별세하시니 나는 그의 입후*가 아니 될 수 없었다. 팔십이 넘은 종조모님의 홑손자가 되고 삼십이 남짓한 당숙모님의 외아들이 되고 말았다. 인제는 집을 떠날 수 없다. 바다를 건너 일본에 가기는커녕 며칠 시골만 다녀와도 할머님과 어머님이 우시며 부시며 집안이 호젓한 것을 하소연하신다.

꿈은 깨어졌다. 환영은 사라졌다. 광명이 기다리던 앞길에 잿빛 안개가 가리었다. 희망의 불꽃은 그물그물 사라져 간다. 날이 감을 따라 달이 감을 따라 가슴을 캄캄하게 하는 실망의 구름장만 두터워 갈 뿐이었다. 나의 혼은 얼마나 이 크나큰 손실에 오열하였는지, 신음하였는지! 마침

---

* 허예(虛譽) 실상이 없는 명예.
* 입후(入後) 남의 양자로 들어감.

내 돛대 꺾어진 배 모양으로 이리 비틀 저리 비틀 하게 되고 말았다.

'되는 대로 되어라! 위인이 다 무엇이랴! 인생이란 물거품의 그림자에 불과한 것이다!'

밤새도록 잠 한숨 아니 자고 머릿속에서 온갖 신기루를 쌓아올리다가 그것이 싸늘한 현실에 무참히 깨어질 때 이런 자포 자기하는 생각을 일으키기도 하였다.

공부할 동안 끊었던 담배도 어느 결엔지 잇게 되었다. 때때로,

"화난다! 화난다."

하고는 술을 찾기도 하였다. 술은 본래 못 먹음은 아니니, 어릴 적부터 맛도 모르면서 부친이 잡수실 술을 도둑해서 한 모금 두 모금 홀짝홀짝 마시었었다. 그래도 중간에 그것을 절금하였으니 정말 공부에 심신을 바친 나는 그것을 생각할 겨를도 없었다. 담배와 술을 먹게 된 때는 집에 나온 지 한 일 년이나 되었으리라.

술은 먹는대도 요리점에서 버듬적하게 먹을 처지가 아니라(그런 처지야 만들려면 만들 수 있지만 그까지는 아직 타락되지 않았었다.) 십 전어치나 이십 전어치나 받아다가 집에서 자작할 뿐이었다. '거배소수수갱수' *란 격으로 주기는 도리어 화증을 돕는다. 화 풀 곳은 없다. 어찌 되든 집을 휙 나오는 수밖에 없다.

나오기는 나왔지만 발 돌릴 곳이 없다. 서울서 학교에 다닌 일도 없고 또 교제를 싫어하는 나이라 어느 친구 하나 없다. 있대도 나의 화풀이 받을 벗은 아니다. 지향 없이 종로 네거리를 헤맬 따름이다. 남산 공원에나 올라가서 저도 모를 소리를 지르기도 하고 한껏 흥분하여 혼자 우는 것이 고작이었다.

그 후 내가 ○○사에 들어가자 오늘처럼 사우의 초대를 받아 요리점

---

* 거배소수수갱수(擧杯消愁愁更愁) 술잔을 들면 잠시 근심을 잊게 되지만 곧 다시 근심이 오게 된다는 뜻. 중국 당나라의 시인 이백이 지은 시의 한 구절.

에 간 일이 있다. 거기서 나는 기생이란 물건을 보았다. 여염집 여자에게 서는 좀처럼 볼 수 없는 어여쁜 표정, 옷이 몸에 들러붙은 듯한 아름다운 맵시, 교묘한 언사, 유혹적 웃음이 과연 그럴 듯하였다. 묵묵히 보고만 있는 나에게도 위안을 주고 쾌락을 주는 것 같았다. 답답하던 가슴이 한 결 풀리는 듯싶었다. 싸늘하던 심장에 따뜻한 피가 흐르는 듯싶었다.

'이럴 때에 기생이나 아는 것이 있었으면……'

쓸쓸히 덮쳐 오는 환멸의 비애에 가슴을 물어뜯기다가 흔히 이런 생 각을 하게 되었다. 전자에는 기생이라면 남의 피를 빨고 뼈를 긁어 내 는 요물이고 사갈*이라 하였었다. 그런 데 드나드는 사람조차 사람으로 알지 않았었다. 부랑자, 타락자…… 말 못할 인간이라 하였었다.

"유위유망한 꽃다운 청춘에 무슨 노릇을 못 해서 화류계에서 세월을 보낸단 말입니까. 그들은 제 일평생을 그르칠 뿐만 아니라 그 해독을 제 자손에게까지 끼치어 제 가족을 멸망시키고 제 민족을 멸망시키 는 사회의 죄인이고 인류의 죄인이 아닐 수 없습니다."

어떤 연설회에서 얼굴을 붉혀 가며 이렇게까지 절규도 한 일이 있다.

그 때의 나, 지금의 나, 변한들 어찌 이다지도 변하랴! 인제 길거리에 혹 기생들과 서로 지나치면 문득 가슴이 꿈틀함을 느꼈다. 나는 그 치 마 뒷자락을 홀린 듯이 돌아보기도 하고 슬쩍 코에 앉히는 그 매력 있 는 향기를 주린 듯이 들이마시기도 하였다.

어느 날 나는 마침내 소위 토벌까지 하게 되었다. 그것은 사우 C가 심심파적이란 구실 밑에 놀러를 가자 함이었다.

이 C란 이는 몸집이 작고 짧으며 머리가 곱실곱실한 사람인데 그 홍 갈색으로 반질반질하는 얼굴은 묽은 것 단단한 것에 다 닳아 보았다, 하는 듯하였다. 나는 그 재사 영롱한 농담을 좋아하며 또 나보다 근 이

---

* 사갈(蛇蝎) 독이 있는 뱀.

십 년 맏이언만 조금도 연장자로 자처치 않는 데 감복하였었다. 그리고 또 그의 여관이 우리 집 가까이 있는 때문에 우리는 자주로이 상종하게 되었다. 그도 몇 해 전 주머니가 넉넉할 때에는 화류계에서 많이 놀았다 한다. 그의 말을 빌리건대 그는 화류 항리에 백전 노장이었다.

우리는 어둠침침한 행랑 뒷골로 돌았다. 나는 어디가 어디인지 잘 알지도 못하였다. 다만 C의 뒤만 따른다. C의 번지 보는 성냥불이 몇 번 번쩍하였다. 그럴 적마다 나의 가슴에도 희망과 기대가 번쩍이었다. 그래도,

"나는 같이 아니 왔소."

라고 변명하는 듯이 늘 몇 걸음 물러서서 고개를 돌리고 있었다. 번지는 자꾸 틀렸다. 어느 때는 속 깊이 들어갔던 골목을 도로 나오기도 하였다. 헛되이 성냥개비만 허비하였다. 인제 희망은커녕,

"웬걸 거길라구."

미리 실망조차 할 지경이다. 그리고 C가 속히 그 집이 그 집 아닌 줄 알고 딴 데로 갔으면 하였다. 다리가 아프다.

찾던 집을 찾기는 찾았다. C는 대문을 살그머니 열더니 그 안으로 사라졌다.

"이리 오너라."

라고 부르는 소리가 들린다. 웬일인지 나의 가슴은 닥쳐올 중대한 일을 기다리는 사람 모양으로 뛰놀았다. 펄떡 하고 행랑 방문 여는 소리가 난다.

"기생 있소?"

"기생집 아니야요."

하는 퉁명스러운 말이 끝나자마자 탁 하고 성낸 듯이 문을 닫는 것 같다.

"대단히 잘못했구려. 고런 것, 나하고 오늘 저녁에 만나자 해놓고 고만 이사를 간담."

C는 비위 좋게 거짓말을 뿌리고 웃으며 나왔다. 그 날 밤 원정은 실

패이었다.

"공연히 남을 끌고만 다니지."

도로 그 골목을 걸어 나오며 나는 C를 원망하였다.

"똑 보아야 멋인가. 이렇게 다니는 것이 운동도 되고 좋지. 우리가 어디 다니고 싶어 다니나, 하도 가깝스러워서 그러지."

"그것은 그래."

나는 동의를 하면서도 어째 무엇을 잃은 듯이 섭섭함을 어찌할 수 없었다.

2

시간은 이미 일곱 점 반이나 되었건만 손들은 오히려 모여들지 않았다. 넓다는 명월관 지점 1호실은 쓸쓸하게 비어 있다. 손이라고는 C와 나 외에 우리를 초대한 K와 그의 절친한 친구로 이 연회의 설계자이고 준비원인 D가 있을 뿐이었다. 아니, 그들뿐은 아니다. 우리가 들어올 때 밥을 먹다가 일어선 기생 둘도 있다. 그의 하나는 한 번 본 일이 있는 계선이란 것이었다. 그는 이미 기생으로 '노' 자를 붙일 만한 낫세이다. 서른 가까웠으리라. 그도 한참 당년에는 어여쁜 자태와 능란한 가무로 많은 장부의 간장을 녹였다 한다.

어느 이름난 대관을 감투 끝까지 빠지게도 만들었다 한다. 그러나 지금 보는 나의 눈에는 그런 일이 거짓말인 듯싶을 만큼 그의 얼굴은 사람을 끄는 무슨 힘도 없었다. 두 뺨은 부은 듯이 불룩하고 이마는 민 듯이 훌렁하였다. 더구나 그 시들한 살빛에는 벌써 늙은 그림자가 깃들인 것 같다. 하건만 여성으로는 차마 못 들을 음담 외설이 날 적마다 그 검은 눈을 스르르 감아 붙이며 '흥흥…….' 하는 콧소리와 함께 그 뜨거운 입술을 비죽비죽하는 것은 음탕 그것이었다. 거기 옛날 솜씨의 남은 자취를 찾으려면 찾을 수 있을는지!

그렇다고 그에게 나와 고향을 같이 한 명예 있음조차 부정할 수 없다. 더구나 그가 나를 처음 볼 때,

"저이가 아무 지배인의 아우가 아닌가요?"

라고 C에게 물었으리만큼 그는 지금 어느 시골 ○○ 회사 지배인으로 있는 우리 형님을 잘 알았다. 어린 나를 몇 번 보기조차 하였다 한다.

따라서 그는 기생 중 나를 아는 오직 한 사람이었다.

또 하나는 처음 보는 기생이었다. 나의 주의는 처음부터 그에게로 끌렸다. 공평하게 말하면 그 또한 미인 축에 끼지는 못할는지 모르리라. 이마는 조금 좁고 코끝은 약간 오근 듯하였다. 하나, 그 어여쁜 뺨보리와 귀여운 입언저리가 그런 결점을 감추고도 남았었다. 그것보담 그 어린 우유 모양으로 하늘하늘한 앳된 살이 더할 수 없이 아름다웠다. 적어도 그 날 밤에는 그렇게 보였다.

"너 요사이 나지미* 많이 정했니? 그래 나는 네 나지미될 자격이 없단 말이냐? 나도 좀 되어 보자꾸나, 응."

몇만금 부모의 재산을 오입의 구덩에 쓸어 넣고 그 대신 몇 곡조 노래와 몇 마디 농담을 얻은 D는 그 퉁퉁하게 살진 손을 늘여 그 기생의 손목을 잡고 빙글빙글 웃어 가며 이런 말을 하였다. 그들은 밥을 다 먹고 상도 친 때이었다.

"네, 좋습니다."

하고 그 기생은 가볍게 고개를 끄덕인다.

"그래 정말이냐?"

"네, 좋습니다."

하고 대어드는 D를 밀치며 문득 소리를 쳐 웃는다. 입술이 귀염성 있게 방싯 열리며, 하얀 쌀낟 같은 찬찬한 이빨 사이에 드문드문 섞인 금니가 유혹적으로 번쩍인다. 나의 입술에도 어느 결에 웃음이 흘렀다.

"흥흥, 논을 팔란 말이지, 밭을 팔란 말이지. 에이고 요런 것."

하고 D는 손으로 그의 뺨을 치고, 쳤다느니보다 스치고 물러앉는다.

"이리 좀 오게그려."

기생을 보면 감질이 나서 못 견디는 C는 애교의 웃음을 흘리며 그 기

---

* 나지미 '단골 손님'의 일본말.

생을 부른다. 그 때 나는 C와 한 자리에 앉아 있었다. 가슴이 출렁하였다.

"우리가 어째 여태껏 서로 만나지 못했담."

채 앉지도 않은 그의 손을 잡아당기며 C는 말을 붙이기 시작하였다.

"이름이 무엇?"

"춘심이야요."

"고향이 어디야?"

"○○이야요."

나는 먼저 그가 나와 한 고을 사람임을 기뻐하였다.

"서울 온 지 얼마나 되었나?"

"한 삼 년 되지요."

"이건 참 내가 너무 고루하군."

C는 인제 내 판이라 하는 듯이 일변 몸은 그리로 다가가며 일변 그 독특한 농담을 늘어놓기 비롯하였다.

C의 하는 양은 마치 열 번, 스무 번 보아 친히 아는 듯하였다. 나는 물끄러미 그들의 하는 양을 보고만 있었다. 나의 눈에는 요술쟁이가 입으로 오색 종이를 뽑아 냄을 구경하는 촌뜨기의 그것 모양으로 의아와 경탄의 빛이 있었으리라. 보기 사납기도 하였다. 부럽기도 하였다. 어찌하면 저렇게도 말을 잘 붙일 수 있는가. 가느다란 손을 함부로 쥘 수 있는가. 한시바삐 C의 대신에 내가 그와 말을 하였으면, 손을 쥐었으면 하였다. 선망에 타고 있는 나의 눈은 맛난 음식을 먹는 어른의 입만 바라보는 어린애의 그것 같았으리라.

어느덧 C의 팔은 비스듬히 춘심을 안고 있다. 사랑을 속살거리는 애인들처럼 C의 입술은 춘심의 귀에 닿을 듯 말 듯하다.

"에그, 점잖은 이가 그게 무슨 말씀이야요."

하고 춘심은 몸을 빼친다.

"점잖길래 그런 말을 하지, 어린애가 그런 소리를 하던."

하고 C는 제 말솜씨에 만족한 것같이 빙그레 웃었다.

춘심은 나에게 곁눈질하며 빈정대는 듯이 빙긋 웃는다. 마침 그 순간 인즉 나도 춘심을 보고 웃을 때였다. 그것은 C의 재담 때문이 아니다. 아까부터 생각하고 생각하던 춘심에게 건넬 묘한 말을 얻고 나오는 줄 모르게 띠운 웃음이라. 그런데 의외에 두 웃음은 마주쳤다. 어째 내 마음을 춘심에게 꿰뚫려 보인 듯싶어 나는 하염없이 얼굴을 붉혔다. 그래 도 나의 가슴에는 기쁜 물결이 술렁 하고 퍼지는 듯하였다.

'나를 좋아하는가 보다.'

하는 생각이 나의 피를 끓게 하였다.

우연히 오고간 이 웃음이 둘 사이에 거멀못을 친 듯이 그와 나를 달라붙게 하는 듯싶었다. 나는 그만 무조건으로 그가 정다웠다. 뜻도 모를 무슨 말이 불쑥 올라온다. 그 찰나이었다. 밀장이 고이 열리며 보얀 얼굴과 푸른 치마가 어른한다. 그 다음 순간에 나는 누구를 향하는지 모르게 한 팔을 짚고 인사하는 기생을 보았다.

그 기생도 계선이보다 나이 많았으면 많았지 어리지 않으리라. 그리 고 그 얼굴이야! 분으로 메우고 메운 보람도 없이 드문드문한 손티, 까 뭇까뭇한 주근깨, 깎은 듯한 뺨, 그야말로 아무렇게나 생긴 것이었다.

'저까짓 것을 왜 불렀을까.'

나는 속으로 의아히 여길 지경이었다.

"형님! 인제 오셔요?"

춘심은 반갑게 부르짖으며 불현듯 몸을 일으킨다. 몹시 시달리는 C 로부터 벗어날 핑계 얻음을 못내 기뻐하는 듯이.

C는 아무 일도 없었던 모양으로 시침을 뚝 떼고 그 곱슬곱슬한 머리 를 쓰다듬으며 그제야 손들이 모이지 않음을 깨달은 것같이,

"왜들 오지들 않아."

라고 하였다.

그와 나의 거리는 멀어지고 말았다. 그에게 말을 건넬 절호한 기회를 놓치고 말았다. 장차 수십 명이나 올 터이니 그는 어느 틈에 끼일는지! 누구하고 꿀 같은 이야기를 주고받을는지! 나는 하릴없이 뒷전만 보고 있을 뿐이다.

'에이, 못생긴 것!'

나는 마음 속으로 애닯게 부르짖었다.

저희들끼리 모인 그들은 이야기 꽃을 필 대로 피게 한다. 연잎에 실비 뿌리듯 속살속살하기도 하며 때때로 옥반을 깨뜨리듯 때그르르 하고 웃기도 하였다. 나는 어린 듯이 그들을 바라보고 있었다. 계선이가 눈으로 나를 가리키며 춘심이더러 무어라무어라 하는 듯하였다. 그는 고개를 까딱까딱하기도 하고 슬쩍슬쩍 나에게 시선을 던지기도 하였다.

'내 말 하는가 보다.'

하고 나는 눈을 내리감았다. 얼굴에 춘심의 시선을 느끼면서.

사람들은 여덟 점이나 되어 모여들기 시작하였다. 서로 맞춰 둔 것같이 한 사람 뒤를 한 사람이 잇고 그 사람이 채 자리도 잡기 전에 다른 사람이 들어왔다. 어느 결에 갈고리란 갈고리는 모자와 외투가 빈틈없이 걸리었다.

"인제 기생 소리나 한 마디 들읍시다."

한동안 늘 하는 인사와 무미한 대화가 끝나고 잠깐 무료한 침묵이 있은 후 누군가 이런 제의를 하였다.

"그것 좋지요."

다른 소리가 찬성을 한다.

"그래 볼까요."

그런 일이면 내가 도맡았지요, 하는 듯한 얼굴로 D는 말을 하였다. 그의 쉰 듯한 소리는 보이를 불렀다. 퉁명스럽게 꾸짖는 듯이 보이에게 분부하기 시작하였다. 가야금이 들어왔다. 장구가 들어왔다. 갈강갈강한 보이는 가야금을 잊기도 하고, 장구가 소리가 잘 아니 나기도 하여 D에게 톡톡히 꾸중을 모셨다. 하건만 그 보이는,

'그런 야단이야 밤마다 만납니다.'

하는 듯이 그 하이칼라한 머리를 긁적긁적하고 허리를 굽실굽실하며 연해 연방,

"네, 네."

하고 시키는 대로 하였다.

먼저 춘심이가 가야금을 뜯기로 하였다. 그는 나에게 등을 향하고 줄을 검사하기 비롯하였다.

'저 계집애가 왜 돌아앉어!'

나는 화증을 내었다. 그대도록 나는 그의 얼굴을 보기나마 언제든지 계속하고 싶었다.

줄도 골랐고, 저희들끼리 문의도 끝난 듯, 우는 듯한 구슬픈 가야금 가락을 맞추어 느리고 순한 춘심의 소리가 섞여 들렸다.

"가자 가자 어서 가, 위수 건너 백로가……."

말소리는 뚝 끊겼다. 모든 사람의 시선은 그리로 몰렸다. 그리고 제각기 고대 음률에 지식이 있어 그 잘잘못을 가릴 듯이 귀를 기울이고 있다. 그 지식의 발표로 어느 구절에,

"좋다."

"……기경선자* 간 연후 공추월지단단 자라등 저 반달 실어라 우리 고향을 함께 가……."

노랫가락은 멋있게 슬쩍 넘어간다.

"흥, 흥."

---

* 기경선자(騎鯨仙子) 고래 등을 탄 신선이란 뜻.

하는 콧소리가 여기저기서 일어난다.

　나도 부지불식간에 '흥' 하고 말았다. 그 노래는 마치 봄바람 모양으로 나의 마음을 어루만져 주었다. 그 서슬에 얼어붙은 무엇이 스르르 풀리는 듯싶었다. 그 무엇이 활개를 벌리고 우쭐우쭐 춤을 추는 것 같기도 하였다. 그렇지 않으면 어깨가 우쭐우쭐할 리가 있으랴! 이럴수록 그 노래의 임자가 보고 싶었다. 그 표정이 어떨까? 그 입술이…….

　'저 맞은편 사람에게 무슨 말을 하는 척하고 슬그머니 그의 정면에 가 앉을까?'

　절묘한 낙상이다! 그러나 나의 몸은 무엇으로 동여맨 것같이 꼼짝도 할 수 없었다. 나의 눈은 박힌 듯이 그의 뒤꼴에 어리고 있었다. 앞으로 굽힐 적마다 반질하고 빛나는 그의 머리, 연분홍 숙고사* 저고리 밑에서 곰실곰실 움직이는 어깨의 윤곽, 들었다 굽혔다 하는 팔, 그리하여야 옳은지 정신을 모으고 있는 듯싶었다.

　꾸김꾸김한 치마 주름……. 이 모든 것보다도 가야금 줄 위에서 남실남실 춤추는 뽀얀 손가락이 나의 넋을 사르고 말았다. 보면 볼수록 그 모든 것에 미가 더하고 매력이 더하였다. 때때로 정신이 아찔해지며 모든 것이 한데 뒤범벅도 되었다. 그 고사 무늬가 서로 뭉켜지기도 하고 치마 주름이 한데로 몰려지기도 하였다. 어슴푸레한 어둠 가운데서 뽀얀 손가락만 파뜩파뜩하기도 하였다. 나중에는 모든 것이 아물아물해지며 눈앞에 불꽃이 주렁주렁 흩어진다.

3

　요리상은 들어왔다. 우리는 그것을 가운데 놓고 둘러앉았다. 기생들

---

* 숙고사(熟庫紗) 감이 두껍고 깔깔하며 윤택이 나는 비단의 하나.

은 술병을 들고 서 있다.

이윽고 비교적 나이 좀 많은 편에 두 노기는 자리를 잡고 앉았다. 그런데! 춘심은! 그는 잠깐 나의 안계에서 사라졌다. 나는 얼른 좌석을 둘러보았다. 없다! 웬일인가? 그러다가 나는 마침내 아무의 곁에도 아니 앉고 오히려 나의 등 뒤에 서 있는 그를 발견하였다. 그 때의 기쁨은 여간 몇천 원 잃었던 돈을 찾은 것에 비할 것이 아니었다.

찾기는 찾았지만 내 곁에 앉을지 말지는 그래도 미지수이다. 감이 거저 떨어지기를 기다리랴. 못 올라 따겠거든 나무를 흔들기라도 하여야 한다. 그것조차 못 할 지경이면 그 밑에 입이라도 벌리고 누워야 한다. 앉히려는 뜻만이라도 보여야 한다. 나는 밍그적밍그적 몸을 한편으로 밀어 그의 앉을 자리를 비워 놓았다. 그리고 이리로 앉아요!란 말을 풍긴 눈치로 몇 번 그를 슬쩍슬쩍 쳐다보았다. 남의 눈치는 빌어먹게도 못 알아 준다. 하다하다 못하여 나는 내 곁에 앉은 P에게 눈꿈쩍이를 하였다. 이것은 정말 나의 피땀을 흘린 마음의 노력이었다. P는 춘심을 힐끗 쳐다보더니,

"이리 앉지!"

대수롭지 않게 한 마디를 던졌다.

그 당장엔 그냥 뻣뻣이 서 있었다. 이 짧은 찰나가 나에게는 얼마나 길었으랴! 이윽고 소루룩 코에 앉히는 향기 실린 실바람을 느낄 제, 그는 벌써 사뿐하고 나의 왼편 P의 오른편에 앉아 있었다. 펄떡펄떡 고동하는 나의 가슴의 장단 맞춤으로 나의 한 옆을 스치는 그의 옷이 사르르 하고 그윽한 소리를 내었다.

그와 나는 서로 댈 듯 말 듯이 앉게 되었다. 이것은 우연인 듯싶어도 우연이 아니다. 이 많은 사람 가운데 하필 나의 곁을 취하랴. 여기 무슨 깊은 의미가 있어야 되리라. 암만해도 나에게 마음이 있는가 보다. 그렇지 않으면 나의 등 뒤에 서 있을 리도 없을 것이다. 그도 나 모양으로

나를 알고 친하기를 마음 그윽히 갈망하고 있었으리라. 이런 생각을 한 나는 말할 수 없는 환희를 느꼈다. 자석에 끌리는 쇠 끝 모양으로 우리 둘의 사이는 점점 다가들어 갔었다. 그의 팔과 가장 스치게 쉽도록 나의 팔은 슬며시 내려놓였다. 나의 손은 그 부드러운 살에 대기 전에 먼저 그 보들보들한 옷자락에 더할 수 없는 쾌미를 맛보았다.

나는 술잔을 비우고 또 비웠다.

아니 비우고 견딜 건가. 그 힘을 받아야만 나에게로 날아오는 행복을 꼭 잡을 수 있다. 아니다, 그의 뽀얀 손이 재불동하며 방울방울이 잇달아 떨어진 이 술이야말로 행복 그것이 아니랴! 적어도 행복의 구름을 걸러내린 감로수! 아닐 수 없다. 우리는 말만 하면 속에 잡아넣은 행복이 날아갈까 두려워하는 것같이 그는 묵묵히 부어 주고 나는 묵묵히 마셨다. 나의 마음은 실실이 풀어졌다. 그러면서 한껏 긴장하고 있었다. 평일과 달라 술은 좀처럼 취해 오르지 않는다. 정신은 잔을 거듭할수록 더욱 말똥말똥해 갈 뿐이었다. 그의 손을 쥐자면서도 그의 얼굴을 보자면서도 그와 말을 하자면서도 나는 헛되이 시선을 딴 데로 돌려 너절한 남의 말 참례를 하고 있었다.

술은 열 잔이 넘어갔다. 그제야 조금 얼근한 듯하였다. 나는 담배 하나를 집어들었다.

"성냥 없소?"

라고 나는 그에게 첫말을 건네었다. 그것도 그의 담배 붙이는 것을 본 까닭이었다. 그는 성냥 한 개비를 그었다. 나는 으레 붙여 줄 줄 알고 담배 문 입을 내밀었다. 하나, 그는 불을 붙여 주려고도 않고 그것을 나에게 준다. 나는 실망도 하고 섭섭도 하였다. 하지만 붙여 달랄 용기는 없었다. 하릴없이 그것을 받았다. 실망한 빛이 나의 안색에 드러났으리라. 그 다음 순간에 그 앵둣빛 같은 입술이 방실 열리며 나에게 무어라고 소곤거렸는가! 그는 마치 변명하는 듯이 방긋 웃으며,

"불을 붙여 주면 아니 된대요."

이것은 더 의외이었다.

"어째 그래?"

"저……."

매우 말하기 어려운 듯이 망설이다가 또 한 번 방글하고는 말을 이어,

"저…… 정이 갈린대요. 왜 저 —— 첫날밤에 신부가 신랑의 담뱃불을 붙여 주면 소박맞는다는 이야기가 있지 않아요?"

꿀 같은 말이다! 아무리 부끄럼 많은 도련님이라 한들 이에 미쳐서야 말문이 아니 터지랴!

"그러면 나에게 소박 만날까 걱정이란 말이지?"

나는 뚫을 듯이 그의 얼굴을 들여다보며 다그쳐 물었다.

그는 부끄러운 듯이 시선을 피하며 의미있게 웃기만 한다. 그 아름다운 입술이란 모든 것을 잊고 열렬한 키스를 하고 싶었다. 그것은 못 하나마 나의 손만은 어느 결에 상 밑에서 그의 녹신녹신한 손을 꼭 쥐고 있었다. 이 말 끝을 잃어서는 아니 된다. 무슨 말이든지 하여야 될 것 같다. 하나, 아까 생각해 놓은 절묘한 언사는 다 어디로 갔는지! 씻은 듯이 잊고 말았었다. 사람의 말을 흉내내는 앵무새* 모양으로 남의 늘 하는 말을 되풀이하는 수밖에 없었다.

"이름이 무엇?"

"춘심이야요."

"고장이 어디?"

"○○이야요."

앵무새

---

* 앵무(鸚鵡)새 앵무샛과에 딸린 새의 통틀어 일컬음.

"나도 ○○사람이야."

"참말씀이야요?"

"그러면 거짓말 할까?"

"네……."

하고 고개를 까딱까딱하였다. 그의 손가락이 살금살금 나의 손 안을 누르고 있다.

나는 또 술을 한 잔 마셨다.

"자꾸 술만 잡수셔서 어찌합니까. 진지를 좀 드시지요."

담긴 밥이 그대로 남아 있는 밥 보시기를 가리키며 그는 자랑스럽게 권하였다.

"나는 괜찮아. 참, 밥 좀 먹지."

"싫어요."

그는 고개를 흔든다.

나는 밥 보시기를 그의 앞에 갖다 놓으며,

"시장할 것을 그래, 좀 먹어요."

"아니, 먹기 싫어요."

"그러면 무엇 딴 것이라도 먹어야지."

"아까 잔뜩 먹었어요."

우리는 벌써 사랑이 흠씬 든 애인끼리 하는 모양으로 서로 생각하며 서로 아끼고 있다.

문득 여러 사람들의 웃는 소리가 우레같이 나의 이막*을 울린다.

나는 깜짝하며 고개를 들었다.

모든 시선은 우리에게로 몰렸다. 모든 웃는 얼굴은 이리로 향하여 있다.

"미남자는 다른걸."

---

* 이막(耳膜) 고막.

"○○야 오죽이 이뻐야지."

"아암 ○○ 보고 아니 반하면 눈 없는 기생이지."

"둘의 얼굴이 한판에 박아 놓은 듯이 같은걸."

"저런 부부가 있었으면 좀 어울릴까."

"별소릴 다 하네. 오늘 밤에라도 되면 그뿐이지."

모든 사람은 웃음 섞어 이렇게 떠들었다. 나의 얼굴은 모닥불을 담아 붓는 듯이 화끈화끈하였다. 그것은 부끄럼의 불 때문 뿐이 아니다. 빨간 행복의 불꽃도 방글방글 피고 있었음이라. 그러나 나의 얼굴과 그의 얼굴이 같다 함에는 불복이었다. 살갗이 흰 것은 서로 어근버근할는지 모르리라. 마는 나의 오목한 코끝과 알맞은 이마 넓이는 그의 그것들이 발 벗고 따를 바 아니다. 말이 났으니 말이지, 나의 얼굴은 남에게 그리 뒤지리만큼 못생긴 것은 아니었다. 더구나 나의 눈은 C의 말을 들으면 가을 물같이 맑은데 은은한 정파가 도는 듯한 것이었다.

"자네에게는 계집이 많이 따르리니."

한 것은 어느 친구의 나를 비평한 말이다. 나도 어째 그럴 듯싶었다. 우선 오늘 밤으로 말하면 나는 벌써 춘심이가 나에게 홀린 줄 알았다. 저는 기생으로 예사로이 하는 짓이라도 나에게는 의미 심장한 것이었다. 물론 나도 그에게 마음이 기울어졌으리라. 하되, 그것은 여성으로의 그의 아름다움에 끌림이요, 그가 나보다 잘나서 그런 것은 아니다.

그것은 그렇다 하고 여러 사람의 칭찬이 기쁘기는 하였다. 그 기림이 춘심으로 하여금 나의 잘난 것을 다시금 깨닫게 하는 점에 있어 더욱 기뻤다. 나는 빙그레 득의양양한 웃음을 웃었다.

"둘이 한데만 붙어앉아 쓰나. 춘심이! 이리도 좀 오게그려."

나와 맞은편에 앉은 M이 험궂은 상에 어울리지 않는 간악한 웃음을 띠우며 그를 부른다. 나는 어이없이 M을 바라보았다. 나의 눈은 감때 사나운 형이 제 장난감을 보자고 할 때 쳐다보는 어린 아우의 그것 모양으로 그것을 빼앗길까 하는 두려움과 또 그것을 빼앗지 말아 달라는 애원이 섞여 있었으리라.

그는 그리로 갔다. 하건만 나는 의연히 기뻤다. 그가 가도 그저 아니 간 까닭이다. 몸을 일으키는 그 찰나에 그 아름다운 얼굴을 나에게로 돌리며 눈웃음을 쳤다.

'잠시라도 나리 곁을 떠나기는 참 싫어요. 그래도 기생 몸 되어 손님이 부르는데 아니 갈 수 없습니다. 눈 한 번 깜짝할 동안만 참아 주셔요. 내가 곧 돌아올 터이니…….'

그의 추파는 이렇게 말하는 듯하였다.

'될 수 있는 대로 얼른 오게. 벌써 오나!'

나도 눈으로 이렇게 일렀다.

M은 음흉한 웃음을 껄껄 웃으며 그의 손을 잡아 이끌 사이도 없이 안반 같은 제 무릎 위에 올려 앉힌다.

저런! 남에게 저렇게 쉬운 일이 나에게는 왜 그리 어려웁던가?

"이것을 좀 보아, 어떤가?"

M은 춘심의 어깨에 머리를 누이며 나를 보았다.

"어떻기는 무엇이 어때."

나는 태연히 말을 하였다. 마는 나의 귀에도 그 소리가 억지로 지은 것같이 울림을 어찌할 수 없었다.

"오쟁이를 짊어지고도 분하지 않어?"

"아이고, 참 죽겠는걸."

이번에는 한 불 넘어 보았다. 그래도 자리잡힌 소리는 아니었다. 몹시 가슴이 울렁거린다. 암만 시치미를 떼도 그가 남에게 안긴 것은 보기 싫었다. 스스러운 생각이 무의식한 가운데에도, 또 스스로 부정하면서도 마음 어디서인지 움직이고 있었음이다.

나는 툇마루로 나왔다. M의 노닥거리는 꼴도 보고 있기 무얼하였고 또 먹은 술이 온몸에 불을 일으켜 선선한 공기도 마시고 싶었음이라. 웃고 떠드는 소리가 가끔 흘러듣기지만, 거기는 딴 세상같이 고요하였다. 지나가는 사람의 그림자도 볼 수 없었다. 한참 서서 저도 모르게 무슨 생각을 하고 있었다.

이윽고 무심히 고개를 돌린 나는 무엇에 놀란 듯이 가슴이 꿈틀하였다. 나의 앞에 춘심이가 서 있다!

"어디를 가?"

나는 몇 해 못 만나던 절친한 친구와 길거리에서 뜻밖에 마주칠 때 모양으로 반갑게 소리를 쳤다. 그러자마자 그의 가냘픈 허리는 벌써 나의 가슴에 착 안겨 있었다. 그 날씬날씬한 허리란! 자릿자릿 눌리는 가슴이란! 나는 잠깐 황홀하였다.

"집이 어디야?"

나는 슬며시 감았던 팔을 풀며 생각난 듯이 물어 보았다.

"그것은 왜 물으셔요?"

그의 대답은 의외이었다. 번연히 알겠거늘 왜 잼처* 물을까? 나는 잠깐 할 말이 없었다. 그는 제 일신에 관한 무슨 중대한 해결을 기다리는 것처럼 얼굴빛을 바래고 있다.

"그것을 왜 물어!"

나는 혼자말같이 중얼거렸다.

"왜 물으셔요?"

그는 대질러 묻는다.

"나, 놀러갈 터이야."

나는 간신히 이 말을 하였다.

"놀러는 왜 오셔요?"

---

* 잼처 다시. 거듭. 되짚어.

그는 또 다그쳐 묻는다.

"자네 보고 싶어서."

하고 나는 다시금 그를 잡아당겼다.

"고만두셔요."

하고 그는 몸을 빼며 냉연하였다.

"그것은 또 웬 말이야?"

나는 정말 웬 셈인지 알 수 없었다.

"그대 나를 보고 싶으실까요?"

"그러면?"

"무얼, 지금뿐이지. 내일이면 씻은 듯이 잊으실걸 뭐."

하고 원하는 듯 한하는 듯 눈을 깔아메친다. 나는 꿈을 처음으로 깨인 듯하였다.

"무슨 그럴 리가 있나."

나는 부드럽게 그를 위로하였다. 이 말은 결코 겉을 바르는 말이 아니었다. 충정에서 우러나온 말이었다.

"흥, 그럴 리가 있나? 나도 많이 속아 보았습니다."

그는 이 말을 남기고 돌아서더니 나를 떠나 한 걸음 두 걸음 생각 깊은 발길을 옮기었다. 나는 무엇을 잃은 듯이 망연하였다.

별안간 그는 발길을 획 돌이킨다. 방긋 쏟아지는 듯한 웃음을 흘리고 선뜩 나의 앞에 들어서자, 그 다음 순간에는 그의 향기롭고 보들보들한 두 팔이 나의 목을 감고 있었다. 그리고 그 부드러운 입술이 나의 귀를 스칠 듯 말 듯하며,

"참말 나를 아니 잊으실 터이야요?"

라고 소곤거렸다. 나는 정신이 얼떨떨하였다. 한동안 말도 나오지 않았다.

"그래 나를 아니 잊으실 테야요?"

"잊을 리 없지."

"정말?"

하고 물끄러미 쳐다보다가,

"꼭 그리 하셔요."

란 말과 함께 나에게 달콤한 키스를 주었다.

"다옥정 ○○번지. 우선 이 번지를 잊지 마셔요."

나는 기계적으로 고개만 끄덕일 뿐이었다.

"이 연회가 끝나거든 우리 같이 가요, 꼭."

하고 가볍게 나의 등을 두드린 후 저 갈 데로 가 버렸다. 나는 우두커니 그대로 있었다. 미끈하고 그의 팔이 감겼던 목언저리는 무슨 기름이 발라 있는 듯싶었다. 그리고 나의 입술은 무슨 벌레가 기어다니는 것같이 근실근실하였다.

나는 웃음을 띠고 방에 돌아왔다. 모든 사람이 나를 보고 웃는 듯싶었다. 방바닥이고 천장이고 전등불이고 모두 나에게 웃음을 건네는 듯하였다.

말끔 좋은 사람들뿐이라 하였다. 이런 좋은 사람들에게 술 한 잔 아니 권할 수 없다 하였다. 나는 차례로 술을 권하였다. 나도 그 돌려 주는 술잔을 사양치 않았다.

나는 잔뜩 술이 취하였다. 그 뒤에 들어온 춘심은 인제 나의 것이 되고 말았다. 세상없는 사람이 불러도 나는 그를 놓지 않았다. 그가 기어이 가야 될 사정이면, 둘이 같이 갔었다.

나는 주정을 막 하였다. 간에 헛바람 든 사람 모양으로 연해 연방 웃었다. 술을 더 가져오라고 보이를 야단도 쳤다. 할 줄도 모르는 노래를 고함치기도 하였다. 그 넓은 방을 좁다고 휘돌며 춤도 추었다. 내 마음대로 놀았다. 남이야 싫어하든 미워하든 비웃든 욕하든 나는 조금도 관계치 않았다. 사의 윗사람이 몇 있었지만 그것들! 다 초개같이 보였다.

4

내가 타는 듯한 갈증을 느끼고 잠을 깰 때는 눈을 부시게 하는 햇살이 문살을 쏘고 있었다.

어찌 된 셈인가? 지금껏 나의 가슴에는 춘심의 온유한 몸이 녹신거리고 있었는데……. 여기는 암만해도 그의 방은 아니다. 확실히 우리 집이다. 보라! 윗목을 빽빽하게 차지한 옷걸이, 삼층장, 반닫이, 그 위에 이불 싼 모란꽃을 수놓은 물 날은 야단 보, 문갑 위와 밑과 가운데 뒤숭숭하게 채이고 꼽히고 누인 책자들, 틀림없는 우리 집 건넌방이다.

흐릿한 기억 가운데 문득 어젯밤 헤어지던 광경이 떠올랐다.

몇 아니 남은 손들도 외투를 입으며 모자를 찾게 되었다. 그 때껏 나는 춘심을 놓지 않았다. 언제든지 언제든지 그의 곁을 떠나기 싫었음이라. 하건만 딴 기생들이 제 망토도 있고 셈도 따질 요리점 사무실로 사라질 제 춘심이도 아니 일어설 수 없었다.

"어디를 가?"

"사무실에 가야지요."

"나하고 같이 가!"

나는 어린애 모양으로 울 듯이 부르짖으며 그에게 매달렸다. 마치 한 번 놓치면 다시 못 잡을 행복을 붙드는 것처럼. 그런 때 어찌 구두 생각이 났던지 그것을 불현듯 집어들고 그의 뒤를 따르려 하였다.

"창피합니다. 남이 흉을 봅니다. 대문에서 기다릴 것이니……."

그는 이렇게 타이르자 나를 내버리고 그림자를 감추었다.

그 때 시커먼 실망이 납덩어리같이 나의 가슴을 내리지르던 것을 지금도 생각할 수 있다. 그러나 어찌하여 집으로 돌아왔는지는 까맣게 모를 일이다.

나는 고개를 들어 둘러보았으나 자리끼는 벌써 거기 없었다.

"물! 물 주어!"

라고 나는 성난 듯이 소리를 질렀다.

　황망한 발자취가 마루를 울릴 겨를도 없이 아내가 물그릇을 들고 들어온다. 김이 무럭무럭 남은 미리 덥혀 두었음이리라.

　"무슨 술을 그렇게 잡수신단 말입니까. 왼 골목이 떠나가도록 고함을 치고 대문을 부서지라고 짓두드리고……. 야단 야단해도 그런 야단이 어디 있겠습니까?"

　내가 살 듯이 물을 들입다 켜고 있는 동안 아내는 빨간 물 묻은 손을 요 밑에 넣고 이런 말을 하였다.

　"내 원 참."

　아내는 말을 이어,

　"마루에 그냥 털썩 드러누우시더니 세상 일어나시나요, 죽을 애를 써서 근근히 방에 모셔다 놓으니 외투를 입으신 채 쓰러지시지요."

　나는 묵묵히 물만 마시고 있었다. 그러면서 속으론 또 무척 성가셨구나 하였다.

　나는 가끔 이런 괴로움을 그에게 끼쳤다. 일뿐 아니라 가슴이 답답할 때, 비위가 틀릴 때 화증풀이도 그에게 하였다. 설운 사정도 그에게 하였다. 사회에서 받는 나의 불평, 가정에서 얻는 나의 울분, 또는 운명에 대한 저주를 말끔 그에게 퍼부었다. 그가 이 모든 불행의 원인인 듯 나는 그를 들볶았다. 하지만 그는 그것을 싫다 아니 하였다. 쓰리다 아니 하였다, 달게 받아 주었다. 까닭없이 재우치는 애닯은 슬픔으로 하여 하염없이 눈물을 뿌릴 때,

　"왜 이리 하셔요, 왜 이리 하셔요?"

하는 그의 눈물 젖은 부드러운 소리가 슬픔을 거두어 주었다. 또는 공연히 부글부글 괴어 오르는 심사를 어찌할 수 없어 억메를 덮어 죄없는 그를 야단을 치다가도 그 두렷두렷한 눈치를 보면 어느 결엔지 마음이

가라앉음을 깨달았다. 여기, 나는 불충분하나마 불만족하나마 위자도 얻고 행복도 스러웠다.

　만일 그가 없었던들 나는 벌써 타락의 심연에 온몸 온 마음을 다 빠뜨리고 지금쯤은 헤어날 수도 없게 되었으리라.

　"에그, 물 고만 잡수셔요. 진지가 벌써 다 되었는데."

하고 그는 물그릇을 앗는다. 그리고 한동안 나를 물끄러미 보고 있던 그의 눈과 입술에 문득 의미 있는 웃음이 흐른다.

　"어젯밤에 날더러 무어라고 한 줄 아셔요?"

　"무어라고 하기는?"

　"그래 모르셔요?"

　"나 몰라."

　"그런데 어젯밤에 어디 가셨습니까?"

　"명월관 지점에 갔었지."

　"기생이 왔지요?"

　"그럼. 왜 그래?"

　"그렇지요?"

하고 아내는 북받쳐 나오는 웃음을 못 참겠다는 듯이 진저리를 치며 웃는다. 사르르 감기는 눈초리에 가는 금이 잡히고 연한 뺨살이 광대뼈 위로 토실토실하게 밀리자, 장미꽃 봉오리가 피어나듯, 입술이 둥글고 오목하게 열리는 것이 그의 웃음의 특징인 동시에 또 그의 가진 가장 아름다운 특징이었다.

　"왜 말을 아니 하고 웃기만 웃어?"

　아내는 웃음에 막혀 말을 이루지 못하면서,

　"저어, 하하하하…… 아이고 참 우스워 죽겠네……. 저어……."

　"저어…… 하지 말고 말을 해요."

　"저어…… 하하하하……. 한잠을 주……주무시고 부시시 일어나시길래 외투와 두루마기를 벗겨 드리려니까, 하하하하."

하고 그는 이불 위에 무너지며 어깨를 들썩거리고 한참 웃음에 잦아진다.

나도 멋모르고 빙그레 하며,

"말을 해요, 말을 해요."

하였다.

이윽고 아내는 웃음의 파문이 이리 밀리고 저리 밀리는 당홍빛 같은 얼굴을 들더니,

"저어…… 눈을 감으신 채…… 하하하하…… 나, 나를 한 팔로 스르르 잡아당기시며…… 하하하하…… 춘심이, 춘심이, 하시겠지요. 하하하하…… 그 춘심이란 게 누구이야요?"

나는 가슴이 뜨끔하였지만 무안 삭임으로 빙그레 웃으며,

"춘심이가 춘심이지."

하고 시침을 뚝 뗐다.

그러나 별안간 춘심의 아름다운 모양이 선명한 활동사진같이 선뜩 머리에 비쳤다. 환영에 달뜬 나의 시각이 아내의 옥양목 저고리에 붉은 광선이 사르르 덮임을 느끼자 어느 결엔지 연분홍 고사 저고리 입은 춘심이가 연기같이 나의 앞에 앉아 있었다…….

"무엇을 이렇게 생각하셔요?"

하는 아내의 말소리를 들은 때에도 나의 눈은 꿈꾸는 사람 모양으로 멀뚱멀뚱하였다.

그 다음 날 밤에야 나는 C와 함께 춘심이의 집에 갔었다. 가고 싶은 마음이야 한시가 바빴지만 다방골에 서투른 나는 C의 힘을 아니 빌릴 수 없었다. 그러나 그의 집 번지는 내가 알았다. 취중에 오직 한 번 들은 그 숫자가 야릇하게도 나의 기억에 새긴 듯이 남아 있었다. 다만 그 집 찾기가 곤란도 하고 또 이런 명예롭지 못한 방문을 혼자 하기 싫어서 C를 힘 입으려는 것이다.

어젯밤에도 두 번이나 C를 만나려 하였건만 출입이 잦은 C는 여관에 붙어 있지 않았었다. 오늘도 저녁 일찍이 서둘렀으되 긴치 않은 C의 방문객으로 말미암아 나는 지리한 시간을 꿀꺽꿀꺽하고 아니 참을 수 없었다. 기쁜 기대와 달디단 희망에 눈을 번쩍이면서, 가슴을 뛰면서 길에 나선 지는 아홉 점이 훨씬 지난 때였다.

그의 집은 광천교에서 남쪽 개천을 끼고 한참 올라가다가 조그마한 다리 놓인 데서 가운데 다방골로 빠지면 오른편 셋째 골목 막다른 집이었다. 이 근처에 발이 넓은 듯한 C는 어렵지 않게 그것을 발견하였다.

대문 안으로 쑥 들어선 우리는 흘러나오는 가야금 가락에 잠깐 걸음을 멈추었다. 그 날 밤 춘심의 가야금 뜯던 채화 일폭이 다시금 어른하고 나의 안계를 스쳐간다. 그 남실남실하는 뽀얀 손가락이……, 그 반질반질하는 까만 머리가…….

거침없이 중문을 열어젖힌 C는 점잖게,

"이리 오너라."

고 불렀다. 그 소리가 떨어짐을 따라 묵은 악기도 울림을 멈추었다.

"누구십니까?"

안에서 고운 목소리가 묻는다. C는 성큼성큼 마당으로 사라졌다. 나는 오히려 하회를 기다리며 어둠침침한 중문간에 몸을 숨기고 있었다. 이윽고,

"들어와요."

란 C의 부름을 듣자 환희의 전율이 찬물처럼 온몸에 쭉 끼치었다. 춘심이가 있구나 하였다. 나는 야릇한 불안을 느끼며 허청허청 발길을 옮기었다. 열린 미닫이 사이로 밝게 흐르는 광선을 막은 듯이 서 있던 처녀 하나이 이상한 눈치로 나를 살피다가 기어들어가는 목소리로,

"올라오셔요."

하였다. 얼른 방 안을 엿보았다. C는 벌써 방 안에 자리를 잡고 앉아 있

다. 춘심의 그림자는 보이지 않는다.

안방에서나 옆방에서나 또는 나 못 본 어슴푸레한 구석에서나 춘심의 튀어나옴을 마음 그윽히 바라면서 나는 구두를 끌렀다.

"형은 어디 갔어?"

C의 이 말에 나의 어리석은 바람은 속절없이 깨어지고 말았다. 나의 마음은 밤같이 어두웠다.

"유일관에 갔습니다."

하고 그 동기는 놀랐다는 듯한 눈으로 묻는 듯이 나를 바라보았다. 끝 모를 검은 빛에 맑은 광채가 도는 그의 눈매는 더할 수 없이 예뻤다. 열 대여섯이 될락말락하리라. 봉울봉울 피려는 모란꽃처럼 그의 얼굴은 탐스럽고 아름다웠다.

나는 묵묵히 숨소리만 씨근거렸다. 웬일인지 낯이 화끈화끈 타는 듯하였다. 하염없이 시선만 이리저리 던졌다. 세간은 그리 화려하다고 못하리라. 옷걸이와 이불 얹힌 커다란 궤와 일본제 경대뿐이었다. 그러나 기생방에만 있는 고혹적 색채는 모본단 보료에도 비스듬히 세운 가야금에도 농후하게 흘러 있었다. 한편 벽 알맞은 자리에 그림틀에 넣은 양화 한 장이 걸렸다. 그것은 푸른 연기가 어린 듯한 산 윗머리를 흰 구름이 휘휘 둘렀는데 수풀 우거진 곳에 푸른 리본 같은 강이 흐르며 그 위로 몽롱한 달빛 안은 일엽편주*가 남녀 단둘을 싣고 소리없이 떠나간다. 그것으로 나는 그만 주인의 취미가 고상하고 풍아한 줄 짐작하였다.

"애써 오니 어째 없담!"

이윽고 나는 자탄 비슷하게 이런 말을 하였다. 농담같이 하려던 것이 어째 절망의 가락을 띠고 있었다. 벌린 입도 웃음을 이루지 못하였다.

"저어 형님한테 기별할까요?"

---

* 일엽편주(一葉片舟) 하나의 작은 조각배.

나를 살피기를 마지않던 금심 —— 이것이 그 동기의 이름이다 ——
은 인제 알았다 하는 얼굴로 우리에게 물었다.

"무얼 그럴 것은 없지."

C는 거절하였다.

"아니, 저어……, 형님이 가실 때 손님이 오시거든 알게 하라 하였어
요."

"어떤 손님이?"

나는 가슴을 뛰며 물었다. 그는 조금 망설거리다가,

"저어 오늘 오실 손님이 계시니 그 손님이 오시거든……."

'나를 가리킴이 아니로군.'

나는 번개같이 생각하였다.

"우리는 오늘 온다고 한 손님이 아니야. 온다고 하기는 그저께 밤이
야."

나는 비웃었다.

"네, 그렇습니까?"

하고 금심은 무안한 듯이 고개를 숙이다가 무엇이 생각난 것같이,

"참, 저어 그저께 밤에 손님 두 분이 오신다고 식도원에서 인력거꾼
이 왔습니다."

나는 더욱 실망 안 할 수 없었다. 명월관에서 놀았거늘 식도원이 또
웬말인가!

"식도원에서!"

나는 부지불식간에 부르짖었다.

"우리는 명월관에서 놀았는데……. 그러면 딴 손님이든 게지."

금심은 놀라 나를 바라본다. 그 큼직하게 뜬 눈은 마치 이런 말을 하
는 듯하였다.

'어째 그럴까, 우리 형님이 기다린 손님은 분명히 이분인데……. 그

러면 내가 잘못 들었던가. 식도원이 아니라 명월관이던가.'

"그래 손님이 왔든?"

나의 말은 급하였다.

"아니야요. 형님 혼자만 왔어요. 와서, 손님 두 분이 아니 왔더냐고 묻습디다."

모를 일이다! C의 말을 들으면 나보다 먼저 나온 그는 문간에서 춘심을 만났는데 춘심의 말이 준비가 다 있으니 나와 같이 오라고 신신부탁하였다 한다(이 준비란 것은 곧 다른 기생을 C에게 붙여 주겠다는 뜻이다.). 두 분 손님이라 함은 곧 나와 C를 지칭함이리라. 그러하지만 식도원 운운은 풀 수 없는 의문이다.

"그 날 밤에 매우 우리를 기다린 모양이지?"

돌아오면서 나는 C에게 물어 보았다.

"기다리긴 무엇을 기다려."

C는 이 천치야, 하는 어조로,

"무엇 보고 기다리겠소. 오! 얼굴이 어여쁘니까. 얼굴 뜯어먹고 사나, 논 팔고 밭 파는 놈이라야지. 서울 온 지 3년이나 되는 년이 나지미가 자네 하나뿐일까."

5

비 맞은 옷 모양으로 풀 하나 없이 집으로 돌아왔다. 무슨 기막힌 일이나 본 듯이 모자와 두루마기를 되는 대로 휙 집어던지고는 힘없이 쓰러지고 말았다. 홀로 바느질을 하고 있던 아내는 잠깐 눈썹을 찡그리고 웃옷과 모자를 걸었다.

"진지 좀 아니 잡수렵니까?"

이윽고 아내는 나에게 물었다.

"아까, 나 저녁 먹었는데……."

"어디 한 술이나 떴습니까……. 요사이는 도무지 진지를 못 잡수시니 무슨 까닭이야요. 살이 내리시고……, 신색이 그릇되시고……. 왜 기운 하나 없어 보입니까? 춘심인지 무엇인지 그로하여 그럽니까?"

이런 말을 하며 아내는 근심스러운 가운데에도 비웃는 빛을 보이었다.

참말 술이 양에 넘친 탓인지 뜬 사랑에 멍든 탓인지 그 후부터 무슨 가시나 난 것같이 혀가 깔끔깔끔하며 밥이 달지 않았다. 꿈자리조차 뒤숭숭하였다. 잠을 깨면 흔히 온 요, 온 이불이 축축하게 땀에 젖어 있었다.

물에 빠진 듯한 몸을 오한에 떨며 머리가 지끈지끈 아프기도 하였다.

"내 말이 옳지요, 춘심이 때문이지요?"

하고 아내는 어서 그렇다 하라는 듯이 나를 들여다보다가 웃음의 가는 물결이 그 까만 눈썹 언저리를 흔들더니 고만 자지러져 웃으며,

"그만 일에 진지를 못 잡술 게 무어야요. 탈기할 게 무어야요. 정 그러시거든 한번 가서서 정을 풀면 그뿐이지."

나도 웃으며,

"무슨 그것 때문에 그럴라구……."

"안 그런 게 다 무어야요."

"그렇다면 어찌할 터이오?"

"그러기에 가시란밖에."

"얻어도 샘을 아니 하겠소?"

나는 아내가 옛날 요조숙녀*의 본을 받아 군자의 애물을 시기치 않으리란 평일의 주장을 생각하며 한번 다져 보았다.

"그것은 당신께 달렸지. 양편을 다 좋게 하면 왜 샘을 하겠습니까?"

"그러면 샘을 아니 하겠다는 말이로군."

---

* 요조숙녀(窈窕淑女) 얌전하고 어진 여인.

나는 또 한 번 다졌다.

"샘이니 우물이니는 둘째 치고 제발 원을 풀고 진지를 많이 잡숫게 해요. 낙심 천만한 모양은 차마 볼 수 없습니다."

하고 실인은 다시금 실소하였다.

"가래면 못 갈까. 지금 당장 갈 터야."

그러나 지금 당장은커녕 그 이튿날도 나의 그림자는 다방골에 나타나지 않았다. 기생집에 이틀 밤을 연거푸 감이 무엇도 하거니와 그가 나에게 마음이 있는지 없는지 알 수 없는 수수께끼인 까닭이다. 그 날 밤 둘이 놀던 일을 생각하면 그는 확실히 나에게 쏠렸었다. 그러나 춘심은 홀린 척도 하고 홀리기도 함을 위업하는 기생이다. 명월관 손님도 오라 하고 식도원 손님도 가자 하여야 되나니, 마치 그물을 여기도 치며 저기도 쳐서 고기가 걸리기만 기다리는 어부 모양으로 사나이를 낚는 것이 그의 장사이다.

그러면 나에게 준 뜻 많은 추파와 꽃다운 언약도 말끔 그의 맛난 미끼일는지 모르리라. 몇 칸 집을 깝살리게 하고 몇 떼기 논을 날릴 수단일는지 모르리라. 하느님, 마옵소서!

그러나! 그러나! 그의 얼굴이 보고 싶다. 못 견디리만큼 보고 싶다. 소루룩 코 안으로 기어들던 향긋한 실바람은 오히려 후각 어디인지 남아 있었다. 박하를 뿌린 듯한 나의 목은 문득문득 비단결 같은 팔을 느끼었다.

> 이화에 월백하고 은한*이 삼경인데
> 일지춘심을 자규*야 알랴마는
> 다정도 병인 양하야 잠 못 들어 하노라.

---

* 은한(銀漢) 은하수.
* 자규(子規) 두견새.

시문 독본에서 읽은 이 시조를 이따금 이따금 목을 빼서 청청스럽게 읊조렸다. 또 붓을 들면 이 글을 적기도 하였다. 그리고 춘심이란 두 글자를 뚫을 듯이 들여다보니 정신을 잃었다. 그 두 글자가 굼실굼실 움직여 엄청나게 굵고 크게 되어 시커멓게 눈을 가리기도 하였다. 봄 춘(春)자의 '삐침'과 '파임'이 그의 가냘픈 팔이 되어 나의 허리에 감기기도 하였다.

6

그 이튿날이다. 아침을 마치고 궐련 한 개를 피워 문 나는 이리저리 마당을 거닐 때이었다.

"편지 받으오."

하는 소리를 듣자 누런 복장이 얼른하며 하얀 네모난 종이가 중문 앞에 떨어진다.

그것은 엽서형 서양 봉투였다. 매우 이상하다는 듯이 나는 겉봉을 앞뒤로 뒤치며 한참 보고 있었다. 그러다 사방을 둘러보기가 무섭게 얼른 호주머니에 집어넣었다. 또 꺼내었다. 또 넣으려다 말고 손에 움켜쥔 채 어찌할 줄 모르는 것처럼 왔다갔다하였다. 문득 미친 듯이 건넌방으로 뛰어들어왔다. 그것은 춘심의 편지였다! 앞장엔 한 자 한 획 틀림없이 우리 집 번지와 나의 이름을 적었고, 그 뒷장엔 '다옥정 ○○번지 김소정'이라고 쓰였다.

나는 번개같이 봉투 윗머리를 찢었다. 안에서 그림 엽서 한 장이 나온다. 굽이치는 물결 모양으로 검누런 머리를 좌우로 구불구불 늘어뜨리고, 바람에 나부끼는 듯한 얇다란 한 오리 벼 자취가 아른아른하게 감긴 풍염한 두 팔과 앞가슴을 눈같이 드러내었는데, 장미꽃 한 송이를 시름없이 든 손으로 턱을 고이고 눈물이 도는 듯한 추파에 님 생각이 어린 금발 미인의 그림이었다. 그리고 예쁘게 언문 반초*를 날린 그 사연은 아주 간단하였다.

행용이면 수신자의 주소 씨명을 쓸 자리 한복판에 두 줄로,

'아무리 기다려도 아니 오시기로 두어 자 적사오니 속 보시지 마시압.'

이라 하였고 그 밑칸 글월은 이러하였다.

보고 싶어, 흥응.
왜 오시지 않습니까. 기다리는 제 마음 행여나 아실는지.
지정 일변 아시겠소.
어찌하면 좋을까요?

이 때의 기쁨이야 무어라 할는지! 가슴에 무슨 경기구 같은 것이 있어 나를 위로위로 추슬러 올리는 듯하였다. 길이길이 뛰고 싶었다. 날고 싶었다. 모든 사람에게 이 기쁨을 말하고 싶었다. 종로 네거리에 뛰어나가 오는 사람 가는 사람에게 춘심이가 나에게 편지한 것을 알려도 주고 싶었다. 밀장을 화닥닥 열었다. 무슨 큰일이나 난 듯이 안방에 있는 아내를 소리쳐 불렀다.

"이것을 좀 보아요, 이것을!"

아내가 방에 들어서기 전에 무슨 경급한 일을 말하는 사람 모양으로 소리는 헐떡거렸다.

"춘심이가 나에게 편지를 했구려, 편지를!"

＊ 언문 반초(諺文半草) 한글을 반흘림체로 씀.

하고 온 얼굴이 웃음에 무너졌다.

그 날 해지기가 바쁘게 나는 정서 준 이를 찾아나섰다. 나는 무념 무상*으로 거의 달음박질하듯 걸음을 재게 하였다. 발이 공중으로 날며 땅에 닿지도 않았다. 그 집 골목에 확 들어서자 갑자기 걸음이 누그러지며 가슴이 방망이질하였다. '예까지 와 가지고' 하고 하마터면 뒤로 돌 발자국을 앞으로 콱 내디디었다. 중문턱을 넘으매 머리는 모든 의식을 잃었다는 듯이 휑하였다.

"아이고, 어서 오십시오."

마침 마당에 있던 금심은 나를 보자 반갑게 인사하였다.

"너의 형 있니?"

"잠깐 어디 나갔습니다."

하다가 나의 꼴이 애처로웠던지,

"지금 곧 올 것입니다. 올라가세요."

라고 말을 뒤붙였다.

그의 말마따나 얼마 아니 되어 춘심이가 돌아는 왔다. 하건만 그 태도는 의외이었다. 방문을 열고는 아랫목 보료 위에 엉성하게 앉은 나를 보고 시덥지 않게 다만,

"오셨어요?"

란 한 마디를 던졌을 뿐이었다. 그리고 대면도 하기 싫어하는 것처럼 경대 앞에 착 돌아앉는다. 한 번도 못 본 사람에게 하듯 서름서름하다* 그 날 밤 일은 고사하고 편지한 것조차 씻은 듯이 잊은 것 같다.

"오늘 밤에 해동관으로 부르지 않았어요?"

분지로써 얼굴을 요모조모 골고루 닦으며 나를 돌아도 아니 보고 그는 이렇게 묻는다.

---

* 무념 무상(無念無想) 아무 생각이 없음.
* 서름서름하다 서먹서먹하다.

"아니."

"그러면 누구일까? …… 새로 한 시에 수유*를 받았는데……. 나는 '나리'라고."

"나는 그런 일이 없는걸."

요리점에서 호기 있게 불러 보지 못하고 제 집으로 온 것이 구구한 듯도 싶었다. 창피도 하였다. 바늘 방석에나 앉은 듯이 무릎을 누일락 세울락하며 팔을 짚어도 보고 떼어도 보았다. 왜 왔던고 후회까지 하였다. 그만 갈까도 싶었다. 그러나 이 답답한 상태는 오래 계속되지 않았다. 경대를 살짝 떠난 그는 나의 코 밑에 바싹 다가앉았다. 나는 또 그 말할 수 없는 매력있는 향기를 느꼈다.

"왜 오시지 않았어요? 흥."

하고 한숨을 휘 쉬더니 나의 눈 속을 물끄러미 들여다보며,

"편지 보셨어요?"

"응."

"그 날 밤새도록 기다리니 어디 와야지."

춘심은 말을 이었다.

"그러면 그렇지, 무슨 두드러진 정이 있어 이 못난이를 찾을라고. 기다리는 년이 미친 년이지……. 잠 못 잔 것이 어떻게 앵한지를* 몰랐어요."

하고, 이 매정한 놈아 하는 것처럼 눈을 깔아 메친다.

"워낙 술이 취해서 여기 온다는 것이 친우들에게 끌려 집으로 간 모양이야. 아침에 잠이 깨고야 알았어."

라고 나는 변명하였다.

"그저께 밤에 유일관에 갔다가 집에 오니 오셨다겠지요. 놀음에 왜

---

* 수유(受由) 말미를 받음.
* 앵하다 짜증이 나다.

갔던고 싶었습니다. 오늘은 오시려니 하고 어제는 아무 데도 아니 갔지요. 거짓말? 이 금심이한테 물어 보셔요, 거짓말인가. …… 그래 생각다 못해 편지를 하였습니다."

그리고 요릿집에 갈 적마다 나를 만날 줄 알고 남 모르게 기뻐하던 것과 진덥지 않은 딴 사람만 있고 그리운 내 얼굴을 못 볼 제 얼마나 상심하였으며 얼마나 흥미 삭연*하던 것을 하소연하였다.

"속없는 사나이도 다 많지."

춘심은 또다시 말을 이었다.

"수야 모야* 다 앉은 자리 정 가는 곳은 한 곳뿐이라, 이런 소리를 하지 않겠습니까? 그러면 저희들끼리 네니 내니 하겠지요. 무슨 아리 알심이나 있는 듯이 눈을 끔벅끔벅하며 남의 옆구리를 꾹꾹 찌르겠지요. 하하하하……, 정 가는 곳은 이 곳뿐인데."

하고 나의 등을 가볍게 두드렸다.

"춘심 아씨 모시러 왔습니다."

꺽세인 차부의 목소리가 우리의 정담을 깨뜨렸다.

"어디서 왔는가?"

"해동관에서 왔어요."

춘심의 눈썹은 보일 듯 말 듯 찌푸러졌다. 무엇을 한참 생각하더니 큰 소리로,

"거기 있게, 지금 갈 터이니."

라고 일렀다.

"술잔 값이나 주어 보내지."

나는 대담스럽게 이런 말을 하였다. 그만치 춘심을 보내기 싫었다.

"그럴 수 있어요? 미리 수유받은 것이 되어서 그럴 수도 없고……."

---

* 흥미 삭연(興味索然) 전혀 흥미가 없음.
* 수(誰)야 모(某)야 누구 누구.

하면서 나의 손을 꼭 쥔다.

"어쩌면 좋아!"

하고 안타깝게 속살거리고는 몸을 나에게 쓰러붙였다.

"……무슨 말을 하고, 나 곧 올 터이니 기다리겠습니까?"

"그리 쉽게 올 수 있을라구."

"집안에 우환이 있다고 하고서 인사나 하고 선걸음에 돌아올 터야. 기다리고 계셔요."

"글쎄."

"글쎄가 아니라 꼭 기다리셔요."

"기다리지."

"꼭 기다리셔요, 꼭. 아홉 점 안으로는 기어이 올 터이니……."

"그래, 아홉 점까지만 기다리지."

"가시면 일 후 봐도 말도 안 할 터야."

"아홉 점만 지나면 간다."

7

한 번 간 춘심은 돌아올 줄 몰랐다. 바람이 문을 찌걱거리게 할 적마다 몇 번을 오는가 오는가 하였는지 모르리라. 나는 누울락앉을락하였다. 일어서 거닐기도 하였다. 마디고 마던 시간이언만 아홉 점이 지났다. 열 점이 지났다…….

온갖 의혹이 고여 오르기 시작하였다. 그의 말과 속이 같을진대 여태껏 아니 올 리 없으리라. 그 정맺힌 눈치도, 그 안타까운 몸짓도 모두 허위이런가, 가식이런가. 나의 생각이란 염두에도 없고 어느 유야랑*과

---

* 유야랑(遊冶郎) 놀이 등을 즐기는 남자.

안기고 안으며 뺨도 비비고 입도 맞추면서 덧없이 깊어 가는 밤을 한하는지 누가 알리오! 그런 줄 모르고 눈이 멀뚱멀뚱하게 오기를 고대하는 나야말로 숙맥이다! 천치다!

내가 여기서 그의 돌아옴을 기다리는 모양으로 그는 거기서 나의 감을 기다리고 아니 있는지 누가 증명하랴! 암만해도 오늘 낮 새로 한 점에 놀음 수유를 받으면서 잘 수유조차 아울러 받았을 것 같다. 그렇지 않으면 처음 볼 때 왜 냉정하였으랴! 냉연함은 충동이었고 나중의 꿀을 담아붓는 듯한 언사와 표정은 지은 솜씨이다!

"해동관에서 나를 부르지 않았어요?"

한 것은 노골적으로 나를 욕보이는 수작이었다. 격퇴하는 칼날이었다.

'괘씸한 것 같으니.'

나는 속으로 부르짖고, 있지도 않은 위약자를 노려나 보는 듯이 미닫이를 물끄러미 바라보다가 벌떡 몸을 일으켰다.

"조금만 더 기다리십시오. 곧 올 것인데……, 지금 열 점 아닙니까. 반 시만 더 기다려요."

곁에 있던 금심은 따라 일어나 나의 앞을 막으며 간청하였다. 그와 나는 벌써 꽤 친숙하게 되었다.

"고만 갈 터야. 아홉 점까지 기다리란 것을 열 점까지 기다렸으면 무던하지."

하고 나는 그의 팔을 가볍게 잡아 옆으로 밀치었다.

"안 되어요, 안 되어요. 가시다니, 꼭 못 가시게 하라는데……."

하고 금심은 응석하는 듯이 뒤에 매달리며 모자를 벗기려고 애를 쓴다.

"밤새도록 아니 올 걸 뭐."

나는 모자를 한 손으로 단단히 붙잡고 웃으며 이런 말을 하였다.

"안 오기는 왜 안 와요? 두고 보시오, 곧 아니 오는가. 가시면 제가 야단을 맞아요."

라고 애원하는 듯이 쳐다보며,

　"잠깐만 더 기다려요. 십 분만, 오 분만……. 네? 네?"

　나는 돌아다보고 빙그레 웃으며,

　"그래, 너의 형이 나를 꼭 잡으라 하든?"

하고 물어 보았다.

　"꼭 못 가시게 하라고……."

　"정말?"

　"정말이고말고요."

　"가 볼 일이 있는데……."

　입으론 이런 말을 하였지만 이미 갈 뜻은 없었다. 춘심이가 진정으로 나의 기다림을 바랐거니, 어찌 그의 뜻을 저버리랴!

　"볼일이 무슨 볼일입니까?"

　금심은 나의 마음을 알아챈 듯이 중얼거리자 민속하게 나의 모자를 벗겨 들었다. 그가 개가를 부르며 웃고 쓰러지자 나도 빙그레 웃으며 주저앉았다.

　춘심은 새로 두 점이 넘어 돌아왔다. 그 때껏 나는 견딜성 있게도 거기 있었나니, 그렁저렁 열두 점이 넘고 새로 한 점이 넘으매 기다린 것이 아까워도 갈 수 없었음이다. 치맛자락의 사르르 소리를 듣자 나는 짐짓 한잠이나 든 것같이 눈을 감았다.

　밀장은 소리없이 열렸다. 사람의 넋을 사르는 듯한 몸과 마음을 가볍게 하는 듯한 향내가 떠돌았다. 저도 모를 사이에 나는 깊이 호흡을 하고 있었다. 그리고 무슨 강렬한 광선에 쏘일 때처럼 감은 눈이 환하며 눈꺼풀이 부신 듯이 떨렸다.

　"아이고, 아니 갔구먼!"

하는 속살거림이 들리었다. 그 음향 가운데는 무한한 감사와 무한한 환희가 품겨 있었다. 감은 눈으로도 가만가만히 다가드는 그의 외씨 같은 발을 볼 수 있었다.

그는 금심을 고이 깨워 일으키자 가는 소리로 물었다.

"주무시나?"

"주무시긴 누가 주무셔요. 왜 인제야 와요."

금심의 잠꼬대 같은 소리가 대답을 하였다.

나는 눈을 떴다. 춘심은 벌써 내 곁에 앉아 있었다.

"미안한 말을 어찌 다 할는지."

그는 말을 꺼냈다.

"암만 오려니 어디 사람을 놓아야지요. 손님도 안면 있는 이 같으면 사정도 보건만 아는 이란 단지 하나뿐이고 모두 모르는 분이겠지요. 집에 일이 있다니 사람을 놓습니까, 몸이 아프다니 사람을 놓습니까. 하다하다 못해 배가 아프다고 언구럭*을 치니까 영신환이랑 인단이랑 들여오라겠지요. 속이 상해서 죽을 뻔하였습니다. 오죽 지리하셨습니까?"

하다가 문득 금심을 향하며,

"왜 자리를 아니 깔아 드렸니? 좀 편안히 주무시게나 하지."

하고는,

"나는 가신 줄 알았어요. 이 못난이를 웬걸 기다리실라고 하였어요. 이런 줄은 모르고 오죽 괘씸히 생각하셨겠나 하였어요. 밤을 새워도 편지로 사과나 할까 하였어요. 그런데 와 보니……."

하고 기쁨을 못 이기는 듯이 말끝을 웃음으로 마쳤다.

나는 부시시 일어나 앉았다. 그러나 선잠을 깬 사람같이 말 한 마디 할 수 없었다.

그 열렸다 닫혔다 하는 입술과 그럴 적마다 화판*이 벌어지며 진주

---

* 언구럭 남을 농락하는 태도.
* 화판(花瓣) 꽃잎.

같은 화심*이 나타나는 모양으로 반짝반짝 드러나는 하얀 이빨과 찡겼다 피었다 하는 그린 듯한 눈썹과 그 밑에서 흐리다가 빛나다가 하는 까만 눈을 멀거니 바라보고만 있었다…….

이윽고 금침은 펼쳐졌다. 하건만 나는 화석이나 된 것같이 망연 자실* 하고 있었다.

어째 무시무시한 증이 들었다. 이불 속이 곧 지옥인 듯이 들어갈 정이 없었다. 그만 집으로 갔으면 하였다.

"그만 자십시다. 매우 곤하실 터인데……."

저편도 아주 감개 무량한 듯이 고개를 떨어뜨리고 앉아 있다가, 슬픈 음성으로 침묵을 깨뜨렸다.

"응."

"어린애 모양으로 응……."

하고 춘심은 소리쳐 웃으며 별안간 나를 부둥켜안는다. 나는 마녀에게나 덮친 듯이 머리끝이 쭈뼛하였다.

둘의 그림자는 이불 안으로 사라졌다. 나는 우들우들 떨면서 두 번 아니 오리라 생각하였다.

8

따라 준 독삼탕*을 마시고 문간에서 발발 떠는 그와 작별한 나는 인적 없는 쓸쓸한 거리로 나왔다. 식전 꼭두는 추웠다. 몹시 추웠다. 추움 그것이었다. 쓰라리는 발은 자국자국이 얼어붙는 듯하였다. 귀가 떨어지는 것 같다. 발갛게 된 쇠가 얼굴에 척척 달라붙는 것 같다. 앞으로

* 화심(花心) 꽃의 한가운데 꽃술이 있는 부분.
* 망연 자실(茫然自失) 실망한 나머지 넋을 잃고 어리둥절함.
* 독삼탕(獨蔘湯) 맹물에 인삼만 넣고 달인 약.

획하고 닥치는 매운 바람은 나의 몸을 썩은 나뭇가지나 무엇처럼 지끈 지끈 부수며 세포 속속들이 불어 들어가는 듯싶었다.

'다시는 이런 짓을 아니 하리라.'

나는 다시금 생각하였다.

어머님은 고종 사촌 혼인 구경 겸 소풍 겸 동래에 내려가시고 집에 계시지 않았다. 할머님만 속이면 그뿐이다. 어젯밤은 여러 친구에게 끌리어 청량사에 나갔다가 술이 취해서 못 왔다는 것을 돌차간*에 생각해 내었다.

아랫목에 쪼그리시고 앉아 계시던 할머님은 샐쭉한 입을 두 가장자리를 동글게 호로형*으로 여시며,

"못된 데만 아니 갔으면, 못된 데만 아니 갔으면."
라고 소곤거리셨다.

"늦게 놀고 보니 전차가 끊쳤겠지요. 어디 올 수 있습니까? 하는 수 없이 자고 왔습니다."
라고 거짓말을 꾸며댄 후 나는 우리 방으로 건너왔다. 나는 빙그레 웃었다. 머리를 빗고 있던 아내도 빙그레 웃으며,

"인제 속이 시원하지요?"
하였다. 그러나 그의 얼굴빛은 피로 물들인 것 같았다.

나는 그만 나무둥치같이 곤한 잠에 떨어지고 말았다. 오정 가까이 되어 간신히 아내에게 깨이어 일어난 나는 냉수로 세수를 하면서도 꾸벅 꾸벅 졸고 있었다.

사에 들어가기는 갔으되 머리가 뿌연 안개에 깔린 듯

호리병박

* 돌차간 잠깐 사이.
* 호로형(壺蘆形) 호리병 모양.

이 몽롱하여 일이 손에 잡히지 않았다. 그저 자고만 싶었다. 저녁 숟가락을 놓자마자 또다시 죽은 듯이 잠이 들고 말았다.

그 이튿날 잠을 깨자 제일 먼저 해결해야 될 것은 그것을 어찌 치를까 하는 문제이었다. 말할 것도 없이 돈이 필요하다. 그렇다고 주머니에서 잘각거리는 몇 푼 동전으로는 될 수 없는 일이다. 많지 않은 월급이라도 또박또박 타기나 하였으면 그믐을 하루밖에 아니 지낸 때이니 그것 수세할 것이야 남았으련만, 곤란이 도극한* ××사는 사원 월급 지불은커녕 신문 박을 종이도 못 사서 쩔쩔매는 판이다. 집으로 말하여도 아들의 방탕에 이바지할 재정은 없었다.

그러나 몇십 원 장만할 거리는 나에게 있었나니, 그것은 유산으로 물려받은 미국제 18금 시계이었다. 오랜 것이라 모양이 예쁘지 않은 대신 투박하고 튼튼하며 다알리아꽃도 앞뒤 뚜껑에 아로새겼고 기계에 보석조차 박힌 값진 물건이었다.

"이것만 잡히면 사오십 원이야 얻겠지."

춘심의 집에 가던 날이나 이제나 힘 미덥게 생각하였다. 난생 처음으로 전당포를 찾아다녔다. 조심 많은 흰옷 입은 취리꾼들은 이 속 모를 물건을 퇴각하기에 서슴지 않았다. 어느 일본 질옥*에서 삼십오 원에 잡히는 수밖에 없었다.

그 다음 문제는 전달할 수단이었다. 봉투에 넣어 우편으로 보내고 아주 끈을 떼어 버리려 하였다. 양심의 반성도 맹렬하였거니와 한번 겪어 보니 그리 탐탐스럽지도 않았음이라. 그러나 야릇한 염려가 나로 하여금 주저하게 하였다. 봉투에 넣어 보내는 것은 많은 금액에만 쓰는 격식인 것 같았다. 더구나 그리함은 그와 나의 사이를 이도*로 싹 베어 버

---

* 도극(到極)하다 극도에 이르다.
* 질옥(質屋) 물건을 잡히고 돈을 빌려 쓰는 전당포.
* 이도(利刀) 날카로운 칼.

리는 것 같았다. 그는 실망하리라. 실망한 그만치 나를 욕하리라. 영구히 그를 대할 낯이 없으리라 함에 어찌 차마 못 할 일인 듯싶었다. 끊는데도 톱으로 슬근슬근 나무 쓸 듯 누그러운 방법이 없지 않으리라고 생각하였다.

'그것은 꾸며 대는 소리이다! 정말 끊으려면 저야 실망을 하든 욕을 하든 대할 낯이 없든 꺼릴 것이 무엇이냐. 그런 염려를 하는 것은 끊으려면서 아니 끊으려는 것이다!'

나는 마음 어딘지 이런 가책을 느꼈다.

'끊고 아니 끊는 문제보다도 네가 침닉*이 될까 아니 될까가 더 중대한 문제이다. 빠지지만 않으면 그뿐이 아니냐. 슬근슬근 정을 붙여둔들 너에게 해로울 것이야 무엇 있나. 울적하고 무료할 제 일시의 위안거리는 꽤 될 것이다.'

다른 소리가 또 이렇게 변명하는 듯하였다. 마침내 이런 결론을 얻었다.

'이왕이면 한번 보기나 하자. 그 역시 사람이니 너무 매몰스럽게 함은 내 도리가 아니다.'

맹숭맹숭한 정신으로야 직접으로 돈을 건넬 수 없었다. 어느 요리점에 데리고 가서 재미있게 놀다가 그도 취하고 나도 취한 후 그의 품 속에 슬그머니 넣어 주리라 하였다.

여기에 대하여 아내는 극렬히 반대하였다. 아내의 태도는 하룻밤 사이에 돌변하였다. 그의 주장을 의지하면 그런 짓은 성공도 하고 재산도 넉넉한 뒤에 할 일이었다. 하룻밤이면 무던하지 이틀 밤부터는 과한 짓이었다. 참말 끈을 떼려 할진댄 춘심을 아니 보는 것이 상책인 동시에 돈을 봉투에 넣어 보냄이 지당한 일이었다. 그리고 돈도 다 줄 것이 아니니 이십 원이면 넉넉하였다. 십 원은 내가 쓰고 오 원은 자기가 써야 되겠노라 하였다.

"무슨 짝에 삼십오 원템이나 주어요. 만날 용돈이 없어 허덕지덕하면서 나도 한 오 원 있어야 되겠어요. 먹고 싶은 것 좀 사서 먹을 테야요."

아내는 이렇게 말을 마쳤다. 태기 있는 지 삼사 개월 되는 그는 불가항의 힘으로 도미국이 먹고 싶었다. 물 많은 배가 먹고 싶었다. 나는 이 요구를 아니 들을 수 없었다. 그리고 돈만 치르고 열 점이 아니 넘어 돌

---

* 침닉(沈溺) 물에 빠짐.

아올 것을 재삼 타이른 후 나는 춘심의 집으로 왔다.

"오늘은 오실 줄 알고 아무 데도 아니 갔지."

춘심은 웃는 낯으로 나를 맞으며 이런 말을 하였다. 그는 못 알아보리만큼 예뻤다. 끊으리말리 한 것이 죄송할 지경이었다.

그의 집에서 그리 멀지 않은 식도원으로 나는 춘심을 끌고 왔다.

우리는 한동안 먹기도 하고 마시기도 하였다. 이야기도 하고 웃기도 하였다. 포옹도 하고 키스도 하였다. 홀연 춘심은 내 손을 잡아당기어 제 바지를 만져 보이며,

"퍽도 뻣뻣하지요. 따뜻하라고 서양목으로 바지를 해 입었더니만……."

"툭툭한 게 좋구먼!"

나는 무심한 듯이 대답을 하였으나 춘심의 그 말에 무슨 깊은 뜻이 있는 것 같았다. 사치만 일삼는 시체 기생과 다른 저의 질소를 자랑함일까? 또는 명주 바지를 해 달란 말인가? 마침 그 때에 그는 게으르게 기지개를 켠다. 누구에게 절이나 할 것처럼 깍지 낀 손을 내밀었다. 나는 반지 하나 없는 그의 손가락을 보았다. 명월관 지점에서 처음 만나던 때에 나는 그의 손가락에 적어도 두어 개 반지가 끼인 것을 보았거늘! 나는 아까 의심조차 한꺼번에 푼 듯싶었다.

'흥, 내가 반지를 해 줄까 하고.'

나는 속으로 '요년' 싶었다. 그러면서 해 주고 싶었다. 이 묵연*의 욕망을 못 채워 주는 것이 남아(?)로 치욕인 듯하였다. 마음이 괴로워 견딜 수 없었다. 더 많은 것을 바라는 의사 표시를 보기 전에 한시바삐 주려던 돈을 주었으면 하였다. 그러나 요리값이 얼마인지 알 수 없어 주저주저하고 있었다.

---

* 묵연(默然) 말없이 잠잠하게 있음.

"고만 가요."

그는 후끈후끈 다는 뺨을 나의 어깨에 쓰러뜨리며 나의 마음을 안 듯이 소근거렸다. 요리값은 팔 원 얼마이었다.

나는 남은 돈 이십 원을 쥔 주먹을 내어밀며,

"저어……, 이것 담배용에나 보태 쓰라."

라고 나는 목에 걸린 소리로 머뭇머뭇하였다. 그는 나를 물끄러미 바라보다가 고개를 흔들며,

"싫어요, 싫어요."

라고 부르짖었다.

"얼마 아니 된다마는 정으로 받으렴. 돈이 아니고 정이다."

"기생은 돈 주어야 정 붙는 줄 언제부터 알았소. 흥, 돈! 돈! 기생년은
정을 정으로 못 찾고 돈으로 찾는담!"

하고 춘심은 한숨을 내쉬었다. 나는 어찌할 줄 몰랐다.

"흥, 돈이 정, 정이 돈! 기생년의 팔자란!"

춘심은 또 한 번 괴로운 한숨을 토하였다. 애달픈 슬픔에 싸인 그 뜨거운 입김이 마치 나의 심장을 스치는 듯하였다. 그도 사람이다, 여성이다. 시들고 곯아졌을지언정 그의 가슴에도 사랑의 움은 있으리라. 지금 그 말은 인몰해 가는 사랑의 애끓는 신음이리라. 나는 마치 그 사랑을 파악하려는 것처럼 그를 휩싸안았다. 나는 그의 가슴에 온미와 고동을 느꼈다. 마치 그의 사랑이 나에게 이렇게 속살거리는 듯하였다.

'나는 다 식지 않았습니다. 오히려 봄날과 같이 따뜻합니다. 나의 숨은 아주 지지 않았습니다. 오히려 맥이 뜁니다. 오오! 나를 덥혀 주셔요! 북돋아 주셔요!'

그 말에 응하는 것처럼 나의 목소리도 소근거렸다.

'덥혀 주고말고. 북돋워 주고말고. 아아 불쌍한 사랑의 넋이여!"

우리는 십 분 동안 서로 떨어지지 않았다. 떨어진 뒤에도 우리는 어

깨를 겨누고 같이 걸었다. 돌아온 데는 물론 그의 집이다! 그러나 나는 그의 망토 포켓 안에 지폐 두 장을 넣고 말았다.

9

내일 단성사 ××권번 —— 춘심의 다니는 조합 —— 온습회에서 다시 만남을 기약하고 나는 아침 늦게야 그의 집을 떠났다. 그만큼 대담스럽게도 되었다. 그만큼 애련도 깊었다.

오 분 전에 잠깐 어디나 갔다 오는 사람같이 신추럽게 돌아왔다. 비난과 책망을 미연에 막기 위하여 엄연히 긴장한 얼굴로 건넌방에 들어왔다. 아내는 없었다. 그 대신 나의 책상 위에 무슨 글발이 있었다. 그것은 아내의 필적이었다 ——.

전일에는 이 몸을 사랑하시옵더니, 이제는 이 몸을 버리시니 슬프고 애달픈 심사 둘 데 없사와 이 세상을 떠나려 하나이다.

이 몸이야 죽사온들 아까울 것 없지마는 다만 뱃속에 든 어린것 불쌍코 가련하옵니다.

두루마기는 다리어 장 안에 넣어 두었으니 이 몸 보는 듯이 입으시기 바라나이다. 길이 못 뵈올 것을 생각하온즉 죽어도 눈을 감을 수 없사외다. 다행히 모진 목숨이 끊어지지 않사오면 다시 뵈옵고 첩첩이 쌓인 설운 사정을 하소연할까 하옵니다.

나는 매우 감동되었다. 정말 유언장을 본 것같이 가슴이 찌르르하였다. 눈물이 핑 돌았다. 물론 거짓이고 희롱인 줄이야 모름이 아니로되 거짓이면서도 거짓이 아닌 듯싶었다. 희롱이면서도 희롱이 아닌 듯싶었다. 혹 사실이나 아닐는지!

"할멈! 아씨 어디로 가셨나?"

나는 마루로 뛰어나가며 허전허전하는 소리를 떨었다.

"몰라요! 왜, 방에 안 계셔요?"

밥을 먹는 듯한 할멈은 제 방에서 이렇게 대답하였다. 사실이나 아닐까? 나는 안방으로 건넌방으로 주방으로 뒷간으로 허둥거리며 찾아다녔다……. 아내의 그림자는 볼 수 없었다!

"아씨 어디 가셨어? 어서 알으켜 달라니까그래."

나는 광 속에 들어갔다 나오며 다시금 부르짖었다. 대답은 없고 히히 웃는 소리가 들렸다. 나는 곧 행랑 방문을 열어 보았다.

"아씨가 여기 계실라고요."

할아범은 온 얼굴에 주름을 밀며 태평 건곤*으로 빙그레 하였다.

마침내 나는 다락 속에 숨은 아내를 발견하였다.

"여기 있구먼!"

나는 죽은 이가 살아온 것처럼 반갑게 부르짖었다. 콜럼버스*가 신대륙을 발견한 때도 이만치 기쁘지 않았으리라. 아내는 웃으며 내려왔다.

"다락이 저승이야?"

우리가 건넌방으로 단둘이 들어왔을 제 나는 웃으며 그를 조롱하였다. 은닉자도 방글방글 웃고만 있었다.

"그것이 무슨 짓이람. 유언을 써 놓았으면 죽을 것이지 왜 다락 속에 들어앉았담."

"왜 모진 목숨이 끊기지 않으면 다시 만나자 하지 않았어요?"

하고 아내는 해죽 웃었다.

* 태평 건곤(太平乾坤) 세상이 아무 일 없이 무사함.
* 콜럼버스(Columbus, Christopher) 이탈리아 태생의 항해자. 처음으로 아메리카 대륙을 발견하였다.(1451~1506)

콜럼버스

"이번은 그랬지만 한 번만 더 가 보아요. 정말 아니 죽나."

아내의 얼굴빛은 갑자기 바꾸어졌다. 슬픔의 그림자에 그의 얼굴은 그늘지고 말았다.

"참 그렇게 날 속일 줄은 몰랐습니다. 돈만 주고 열 점 안으로 오신다 해놓고 아니 오시는 데가 어디 있습니까? …… 이제나 오실까 저제나 오실까 암만 기다리니 어디 오셔야지요. 새로 한 점을 치고, 두 점을 치고, 석 점을 치겠지요. 그제야 아니 오시는 줄 알았습니다. 자려도 잠은 아니 오고 그년을 쓸어안고 있는 꼴만 보이겠지요. …… 참말 애달프고 슬퍼서 견딜 수 없었습니다. 고만 죽고 몰랐으면 하였습니다. 그래 요 앞 우물에 빠질까 하였습니다. 내가 한 것에 왜 남의 손을 대이랴 하고 밤중에 일어나 당신의 두루마기를 다렸습니다. 내 손에 옷 얻어 입기도 이것이 마지막이다 하니……."

말을 마치지 못하여 그의 코가 연분홍색을 띠워 실룩실룩 경련하기 시작하였다. 그러자마자 두 줄기 눈물이 흰 선을 그리며 뺨으로 흘렀다.

뒤미처 투명한 액체는 흐르고 또 흐른다. 이것을 보고야 아무리 춘심의 지주망*에 감긴 나인들 어찌 그의 고충을 살피지 못하랴. 실행은 안 했지만 사를 생각한 것은 해보다도 명백한 일이다. 그런 생각이 든 것만큼 그의 속은 쓰렸으리라. 아팠으리라.

"울기는 왜, 울기는 왜."

라고 나는 위로하였다. 그러나 나의 눈도 젖기 비롯하였다. 속눈썹에 뜨거운 눈물이 몰림을 느꼈다.

"또 가시렵니까, 또 가시렵니까?"

이윽고 아내는 울음에 껄떡이며 다그쳤다.

"또 갈 리 있나, 또 갈 리 있나."

* 지주망(蜘蛛網) 거미줄.

말뿐만 아니라 마음으로도 맹세하였다.

그러나 춘심과 만나자고 기약한 때는 왔다! 그 이튿날 저녁이다. 단성사에 갈까 말까……. 이것은 해결키 어려운 문제였다. 암만해도 가고 싶다. 가도 무방할 핑계를 얻으려고 애를 썼다. 단성사는 춘심의 집이 아니다. 공공의 구경터다. 춘심을 보러 가는 게 아니라 구경하러 가는 것이다. 또 이번 흥행은 ×× 양악대에 기부하기 위하여 우리 사에서 주최한 것이니 가 보아야 할 의무가 있다. 누구나 나를 보더라도 춘심을 만나려고 오지 못할 데를 왔단 말은 아니 할 것이다. 아니 가는 것이 도리어 남으로 하여금 이상하게 여기게 할 것이다. 또 춘심을 만날 기회는 이후라도 많을지니 보아도 수류운공*할 시련이 필요하다. 보기 위해서 가는 것이 아니라 정을 끊기 위해서 반드시 가 보아야 되리라.

이유는 얼마든지 있었지만 혼자 가기가 무엇하던 차 마침 C가 구경 가자고 왔다. 나는 즐거이 따라나섰다.

여덟 점 가까이 되었을 때라 위층 아래층 할 것 없이 관람석은 입추의 여지도 없었다. 휘황한 불빛도 담배 연기와 사람의 입김에 흐리멍덩하였다. 나는 압박과 질식을 느꼈다.

나의 눈은 부인석에서 춘심을 찾고 있었다. 눈코는 분간할 수 없고, 분면의 윤곽만 총총히 인형같이 꽂혀 있다. 모두 춘심이 같으면서 모두 아니었다.

"저 무대 뒤로 들어갑시다. 거기는 난로도 있고 다*도 있으니, 그리고 구경하기도 좋을 터이지."

하고 C는 나를 그리로 끌었다. 거기에는 푸른 것, 붉은 것, 누런 것, 가지가지 의상이 눈을 현란케 하며 모두 비슷비슷한 기생이 우물우물하였다. 특별히 못생긴 것도 없고 특별히 잘난 것도 없었다. 향기는 고만

---

* 수류운공(水流雲空) 흐르는 물이나 공중에 뜬 구름을 보듯 예사로이 본다는 뜻.
* 다(茶) 차.

두고 썩어 가는 몸과 마음의 송장 냄새가 그 곳 일면에 자욱하였다. 나는 일종의 공포와 구역을 느꼈다. 그야말로 계집 냄새가 날 지경이었다. 그 가운데에도 춘심의 그림자는 보이지 않았다.

'이러다 춘심을 만나면 어찌할꼬?'

나는 문득 생각하였다. 만나면 또 알 수 없는 매력에 끌리지나 않을까. 아니 끌린다 하자. 그러면 보아서 무엇할 것인가. 멀리서 그도 나를 보고 나도 그를 본다. 보고 흩어진다. 쑥스러운 일이로다! 쑥스럽게 아니 하려면 돌아가는 길에 술잔이나 나누어야 되리라. 적어도 인력거나 태워 보내야 된다. 그러하거늘 나의 주머니에는 벌써 쇠전 한 닢도 없다. 만나면 큰일이다.

"고만 가요."

나는 C한테 턱없는 요구를 하였다.

"왔다가 구경도 아니 하고 가잔 말이야?"

춘심이와 탁 마주칠까 하는 공겁심*이 머리를 쳐들었다. 마음이 조마조마하여 견딜 수 없다. 몇 번 C를 졸랐건만 그는 내 말에 귀도 기울이려 아니 하였다.

"가고 싶거든 혼자 가구려."

C는 마침내 성가신 듯이 말을 던지고 어느 기생과 이야기하기에 골몰하였다. 나는 하릴없이 또 머뭇머뭇하였다. 그럴 사이에 어째 건너편을 보고 나는 깜짝 놀랐다. 회색 망토에 까만 하부다에* 수건을 두른 춘심이가 어느 결엔지 거기 와 있다! 다행히 나는 저를 보았건만 저는 나를 못 알아본 모양이었다. 나는 불시에 돌아섰다. 무대로 드나드는 왼편 문은 잠겨 있다. 나가려면 춘심의 곁을 지나야 되겠다! 이야말로 진퇴 유곡이다! 그래도 되든 말든 두 판 집고 한 번 나가나 보자.

---

* 공겁심(恐怯心) 겁내고 두려워하는 마음.
* 하부다에 부드러우며 윤이 나는 순백색 비단. 일본말.

나는 그리로 향하고 급히 걸었다. 일평생에 관계되는 중대한 일을 단행할 때처럼 나는 더할 수 없이 흥분하였다. 그는 나를 보았다! 둘의 거리는 한 자도 아니 된다. 마침 지나치는 사람은 많고 그 곳은 좁았다. 나는 춘심에게 외면을 하고 사람 틈바구니에 휩쓸리어 쏜살같이 이 난관을 넘으려 하였다. 나 좀 보아요 하는 듯이 그는 살금살금 나의 외투 자락을 잡아당겼다. 그 찰나에 나의 발길이 머뭇하려다 뒷사람에게 밀리어 휙 빠져나왔다. 문간을 나섰다.

안심의 숨을 내쉴 겨를도 없이 후회가 뒤미쳤다. 범치 못할 죄악을 범한 듯하였다. 얼른 본 춘심의 얼굴은 전보다 십 배 백 배 더 아름다웠던 것 같았다. 그 가야금 병창을 못 견디리만큼 듣고 싶었다. 도로 들어갈까? 문지기 보기가 부끄러워 그럴 수 없었다. 발이 뒤로 당길 듯 당길 듯하면서도 앞으로 앞으로 옮겨졌다.

가슴은 미친 바람에 뒤집히는 바다 모양으로 울렁거렸다. 머리는 벼락에 맞은 듯하였다. 어느 때 시작된 지 모르는 빗줄이 얼굴을 때렸건만 찬 줄도 몰랐다. 분화산 모양으로 온몸이 뭉을뭉을 타는 듯하였다. 무슨 까닭인지 나로는 알 수 없다. 심리학자는 설명하고 싶은 대로 하여라!

10

며칠 동안 발을 끊었다. 그러나 알 수 없는 무슨 힘이 나를 끌음을 어찌할 수 없었다. 그 힘은 어디 얼마나 달아나나 보자고 그가 나를 매놓은 실과 같았다. 달아나면 달아나는 대로 그 실은 풀리었다. 하되 잠깐만 걸음을 멈추면 그 실은 차츰차츰 감기어 뒤로뒤로 이끌었다. 어느 때는 머리 올같이 가늘고 가늘게 되어 이것이 터진다, 이것이 터진다, 고만 이리 와요, 이리 와요, 살근살근 달래며 마음이 간질간질하게 잡아당기기도 하였다. 어느 때는 쇠사슬 모양으로 굵고 튼튼하게 되어 이리 안 올 테야, 이리 안 올 테야, 위협하는 듯이 쭉쭉 집어채기도 하였다. 이편에서 버티는 힘이 부족하면 휙 따라가는 수도 있다. 하루는 그집 골목까지 따라간 일이 있다. 그 집 대문을 보자 '에, 뜨거라.' 하고 나의 넋은 달음박질하였다. 바른 길로 일없이 진고개를 올라갔다. 늘하는 모양으로 책사에서 책사로 돌아다니다가 저물게야 수표교*로 빠져 돌아오는 길이었다.

대관원에서 어떤 젊은 신사가 기생 하나를 데리고 나온 것을 보았다. 나의 마음은 다시금 동요하였나니, 그 기생의 걸음걸이며 뒷모양이 하릴없는 춘심이었음이라. 나는 걸음을 재게 하였다 느리게 하였다 하며 요모조모 살피기를 마지않았다. 그 나붓이 늘어진 귀밑머리조차 천연 춘심이었다. 그럴 즈음에 그 기생은 뒤를 힐끗 돌아보았다. 마치 내가 뒤따라옴을 아는 것처럼. 얼굴이 같을 뿐만 아니라 사죄하는 듯한 웃음조차 건네는 듯도 하였다. 나는 그 자리에 사라지는가 의심하였다. 그러나 내가 쏜살같이 그이 곁을 스치며 모든 것을 꿰뚫어보려는 일별로 그가 춘심이 아님을 간파하였다. 완전히 나의 착각임을 깨달았다.

나는 이런 일을 금방, 은방 앞에서 전차 정류장에서 한두 번 겪지 않았다. 마치 나의 눈에 춘심이란 색안경이 끼여 도처에 춘심을 발견하는 것 같았다. 홀로 시각뿐만 아니다. 나의 관능이란 관능은 모두 그러하였다. 그 고소한 머릿기름 냄새를 아내의 머리에서 맡기도 하였다. 그 야릇한 향기를 나의 소매에서 느끼기도 하였다. 그의 소리, 살 냄새는

* 수표교(水標橋) 조선조 제4대 세종 때 종로에 놓은 다리.

수표교

벌써 그의 전유물이 아니고 낱낱이 나의 속깊이 잠겨 있는 듯하였다. 이 모든 것들이 환원 작용으로 본 임자와 어우러지라고 발버둥을 하고 있거늘 그래도 끈을 떼었거니 하고 있었다. 정말 떼어졌을까? 보라! 어느 연회에서 다시금 만난 우리는 어찌 되었는가! 처음은 서로 눈인사만 교환하였다. 그리고 피차 모르는 사람 모양으로 시침을 떼고 있었다. 하건만 연회가 끝나고 요리점 문 밖을 나왔을 제 그의 손은 나의 손을 힘있게 쥐었다.

"어쩌면 그렇게 매정하십니까?"

그는 말을 꺼내었다. 얼마든지 비난을 하라는 것처럼 나는 빙글빙글 웃고만 있었다.

"돌아서신 줄은 나도 알았지만 그렇게 아니 오실 줄은 몰랐어요. …… 그 이튿날 망토 속에 돈 이십 원 든 것을 보고 남자란 다 마찬가지다. 이걸로 정을 끊는구나 하였지요……."

"아니 무엇 그런 것은 아니야. 저어……."

"남의 말을 좀 들어요. …… 이것이 들어 남의 좋은 사이를 갈랐구나 하고 그 지전 두 장을 쪽쪽 찢어 버리고 싶었어요. 이다지도 남의 마음 쓰는 것을 모르는가 하니 야속해 견딜 수 없었어요. 어쩌면 내 마음을 알아 줄까, …… 편지로나 세세 사정 그려 볼까, …… 별별 생각을 다 하다가 에라 치워라, 매몰스러운 사나이에게 내 속을 왜 빼앗기리 하고 한 발이나 되게 쓰던 편지를 갈갈이 찢어 버렸지요."

하고는 그 때의 괴로운 한숨을 모아 두었다가 인제 쉰다는 듯이 길이길이 숨을 내쉬었다.

"요사이 조금 바빠서……."

라고 일종의 프라이드를 느끼면서 나는 중얼거렸다.

"그런 말 말아요."

춘심은 성난 듯이 잡았던 손을 뿌리치며,

"마음에 있으면 꿈에라도 보인다고 아무리 바쁘기로니 잠시 잠깐 다녀갈 틈이야 없단 말입니까. 내가 미친 년이지, 내가 미친 년이야. 나 같은 것이 정이니 무엇이니 하는 게 개밥에 도토리지……."

"가고야 싶지만 어디 가겠든. 영업에 방해만 될 뿐이니……."

"내가 장사를 합니까? 영업이 무슨 영업이란 말씀이오. 그런 이면치레를 하는 것부터 마음에 없어서 그러는 것이지요. 짜장 보고 싶어 보시오. 그런 생각이 나기나 하는가. 참 사나이라 다릅니다그려. 나는 암만 잊으려 해도 어디 잊혀집디까? 왜 만났던고 하루도 몇 번을 후회를 하였는지 몰랐어요. 정이란 사람이 만든 것이지만 인력으로 못 할 것은 정입디다."

그의 손은 다시금 나의 손을 쥐었다. 문득 깨달으니 나는 벌써 그의 집 마당에 서 있었다.

11

마음의 방축은 고만 터지고 말았다. 유혹의 흐름은 거리낌없이 밀렸다. 이 물결 가운데는 싸늘한 이지와 뜨거운 감정이 서로 부딪고 서로 마주쳤건만 이지는 흔히 찔찔 끓은 열수에 넣은 얼음 조각 모양으로 사라졌다. 모든 것을 잊고 나는 종종 춘심을 방문하였다. 그 역시 언제든지 나를 환영하는 것 같았다.

"왜 그처럼 아니 오셔요?"

그는 중문간에서 마당으로 삐죽이 나타나는 나를 보자 빙그레 웃으며 이렇게 부르짖는 것이 항례이었다.

"아까 왜 만나지 않았어."

어느 때는 내가 이렇게 대답할 경우도 있었다.

"참 그랬지요. 나는 또 깜빡 잊었지. 금방 보고도 금방 아니 본 것 같애요."

하고 둘이 웃는 수도 있었다. 그리고는 밖이야 햇발이 따뜻하든 달빛이 밝든 밀장은 합문이 되었다. 사랑은 낙원을 지을 수 있다. 진세*의 아무런 풍치와 아무런 풍정도 이에 미칠 것이 무엇이랴! 거울같이 마주만 앉으면 그뿐이다! 말은 말끝을 좇고 웃음은 웃음 뒤를 이었다. 피차의 처지를 설명하자 오뇌도 하고 번민도 한다. 그러나 사랑으로 하여 하는 오뇌요 번민이라, 딴 일로 말미암은 그것보다 달랐다. 그것은 하고 싶어하는 때문이다.

"그런 생각을 다 하면 무엇합니까. 한시라도 재미있게 놀면 그뿐이지."

찰나주의자인 그는 이렇게 끝을 맺고 가야금을 뜯기도 하였다. 이러다 돌아오는 날은 만족과 행복을 느꼈다. 물린 것이 아니지만 며칠 아니 보아도 참을 수 있었다. 하지만 어쩌 갔다가 못 만나면 하루도 두세 번을 가고 싶었다. 저나 내나 무슨 고장이 생겨서 곧 아니 헤어질 수 없게 된 때도 그러하였다.

어머님이 밤 열 점 반 차로 동래에서 돌아오시던 날이었다. 정거장 나가는 길에 나는 춘심의 집에 들렀다. 금심이가 있기 때문에 키스 한 번, 포옹 한 번 못 하고 나는 몸을 일으키는 수밖에 없었다.

"왜 벌써 가셔요?"

금심은 나에게 매달리며 모자 집으려는 팔을 막았다.

"아니, 집에 가 보아야 될 일이 있다."

라고 대답하였다. 웬일인지 말소리가 내 귀에도 허전허전하는 것 같았다. 어쩌 춘심에게는 가야만 될 사정을 말할 수 없는 것 같았다.

"애, 그만두어라. 오긴 어려워도 가긴 잘 가지. 만날 천날 간다, 간다."

라고 춘심은 새무룩하게 긁어 잡아당겼다. 모자는 썼건만 그 음향이 전

---

* **진세(塵世)** 티끌이 있는 세상, 곧 이 세상을 일컫는 말.

기같이 나에게 끼쳐 몸을 꼼짝도 할 수 없었다. 잠깐 답답한 침묵에 온 방 안 공기가 응결되는 듯싶었다. 금심은 물끄러미 쳐다보고만 있다. 춘심은 차마 가는 뒤꼴을 못 보겠다고 하는 듯이 고개를 푹 숙이고 있다. 시키시마*의 궐련을 빼어 입으로 그 담배를 불어 빼고 흰 종이로 볼록볼록하게 만들고 있다. 차라리 가지 말라고 나의 소매를 잡아당겼던들 이렇게 가기 어렵지 않으련만!

"아이고, 좀 붙잡으셔요."

민망하였던지 금심이가 마침내 침묵을 깨뜨렸다.

"고만두어라. 양류가 천만홍인들 가는 님 어이하리."

라고 춘심은 노래를 부르는 어조로 한숨을 내쉬었다. 하건만 나를 쳐다본 애끓는 정이 서린 추파는 무어라고 형용할 수 없는 느낌을 주었다. 다만 한 시간이라도 반 시간이라도 더 놀았으면 하였다. 그러나 기차 대일 정각은 이미 임박하였다. 마루까지 나오는 수밖에 없었건만 그와 작별치 않고는 차마 내려설 수가 없다. 나는 닫혔던 미닫이를 다시금 열었다. 그는 여전히 고개를 숙이고 있다. 오직 한 번이라도 나를 보아나 주었으면!

"그냥 가려니 발이 떨어지지 않는걸."

나는 진정을 농담으로 엄벙하였다. 그는 얼굴을 들었다. 하염없이 웃으며,

"아무리 무정한 님인들 작별이야 안 할 수 없지."

하고 일어서 나온다.

사람 눈 없는 어슴푸레한 마루에서 둘의 그림자는 하나이 되었다.

"밤에 볼일이 무슨 볼일이오?"

그는 물었다. 그 소리는 성난 듯도 하고 우는 듯도 하였다.

＊ 시키시마(敷島) 일제 때의 담배 이름.

"어머님이 오늘 밤에 오신대. 시방 정거장에 나가는 길이야."

"진작 그런 말씀을 하실 게지. 그러면 어서 나가셔야 되겠구려."

하면서도 나를 놓지는 않았다. 더욱더욱 그의 몸이 달라붙음을 느꼈다. 나의 다리가 마루 끝을 내려설 적마다 무릎으로 막았다. 입으로 가지 말라는 것보다 그 몸짓의 말이 더욱 웅변이었다.

이윽고 나는 구두를 신었다. 그도 나를 따랐다. 중문과 대문 어간에서 우리의 그림자는 또 한 번 합하였다.

"어서 가셔요."

"응."

"나는 어찌할꼬."

"일찍이 좀 자려무나."

나는 그가 녹주 홍등에 시달리며 밤마다 밤마다 잘 잠을 못 자는 것을 생각하고 이런 말을 하였다.

"어디 잠이나 오나요. 어슴푸레하게 달은 비치고……."

그 날은 봄의 기분이 벌써 뚜렷한 밤이었다. 담회색 구름은 연기같이 흐르고 있다. 무어라고 말할 수 없는 봄향기에 채운 이 공기, 이 정적, 이 박명, 더구나 베일에 감긴 처녀의 나체 같은 어스름 달, 이 모든 것들에게는 비밀의 정열의 발효를 느낄 수 있었다. 봄마음으로는 잠도 아니 올 밤이다. 나도 한참 황홀하였다.

"참 가셔야지, 차 시간 늦을라."

하고 그는 문득 감았던 팔을 풀었다.

"자아, 가십시다."

하면서 그는 양인이 하듯 내 팔을 얼싸끼고 께름한 발자국을 옮겼다. 그러면서,

"이러고 멀리멀리 갔으면."

이라고 꿈꾸는 듯이 말을 하였다.

문득 전등 밑에서 우리는 떨어졌다.

"어서 들어가."

나는 한 마디를 던지고 돌아섰다. 두어 걸음 가다가 뒤를 돌아보니 그는 그대로 서 있다. 두 눈이 이상하게 빛나는 것 같다. 내 마음 탓인지 모르되 분명히 눈물이 도는 듯하였다. 몇 걸음 가다가 또 돌아보았다. 반만 대문 안 어둠 속으로 사라진 그의 초연히 돌아선 꼴이 눈에 띄었다. 그것이 아주 사라지자 청승궂게 부르는 노래 한 가락이 나의 뒤를 따라왔다.

"욕망이난망이요, 불사이자사*로다. 갈 거(去)자 설워 마라 보낼 송(送)자 나도 있다."

이런 뒤로는 정이 더욱 깊어진 듯하였다.

12

어디서 술이 좀 취한 나는 열 점 가까이 되어 웬걸 있을라고 하면서도 에멜무지로* 그의 잠긴 중문을 두드리며 불러 본 일이 있었다.

"놀음 가고 없습니다."

아니나다를까 굵다란 남자의 소리가 이렇게 대답하였다. 하릴없이 발을 돌리려 할 때였다.

"네에!"

이번에는 새된 여자의 목청이 들리었다. 금심의 소리리라. 짤짤 끄는 신 소리를 들을 겨를도 없이 중문은 열렸다.

시난고난이* 드러누워 있는 춘심을 보았다.

---

* 욕망이난망(欲忘而難忘)이요, 불사이자사(不思而自思)로다 잊고자 하나 잊기가 어렵고, 생각하지 않으려 해도 저절로 생각나는도다.
* 에멜무지로 말이나 행동을 헛일 삼아서.
* 시난고난이 병이 심하지는 않으면서 오래 끄는 모양.

핏기 하나 없는 샛노란 얼굴에도 나를 반기는 웃음은 움직였다. 그리고 신음하는 소리를 떨었다.

"아이고 오셔요, 오셔요. …… 나는 어제부터 이렇게 아파요. …… 이럴 때 오셨으면 하던 차이에요."

나는 가엾어 못견디겠다는 표정으로 그의 머리를 짚으며,

"어디가 그렇게 아프담. …… 나는 없단 말을 듣고 곧 가려고 하였지……."

라고 하였다.

"아버지께서 모르시고 그런 것이야요. 목소리가 당신 같길래 금심이더러 나가 보아라, 아마 ○○○씬가 보다 하였어요."

제 아픈 것은 둘째치고 딴 것이 매우 마음에 키이는 것같이 변명하였다.

"나도 그런 줄 알았어. 그런데 어디가 그렇게 아퍼?"

"무얼 몸살이 좀 났는가 보아. 그것이야 어쨌든 요사이 왜 그리 안 왔습니까? 어디가 아프면 당신 생각이 열 곱 스무 곱 더 나서 짜장 견딜 수 없습니다. …… 암만 한들 제 마음을 아시겠소……."

그의 말마따나 나는 며칠 동안 그를 멀리하였나니, 그것은 빈손으로 오기가 뻔뻔스럽고 추근추근하다는 생각 때문이었다. 나만 오면 딴 이의 부르는 것을 따르는 것이 민망도 하였음이다.

더구나 홀대가 나를 기다리고 있다는 고통을 아니 느끼고 올 수 없었음이다. 그러나 어째 와서 보면 나의 예상은 노상 틀렸다. 그의 일거일동과 일빈 일소* 어느 것에 나를 비난하는 무엇을 찾기 어려웠다. 오늘 역시 그러하였다.

"고맙군, 고마워. 그렇게 나를 생각해 주니……."

---

* 일빈 일소 한 번 찡그리고 한 번 웃음.

나는 참말 감사 안 할 수 없었다.

"늘 저러겠다. …… 참말이다? 고마울 게 무엇이야요. 어디 나리가 생각하라서 생각합니까? 절로 생각해지니 생각하는 게지……."

"이랬든 저랬든 고마우이. 이것은 참말이다."

"그래 참말이야요? 나리가 참말이라니 나도 참말을 좀 하리까. 나는 화류장에 노는 계집이올시다. 노는 계집이라 이 손님하고도 놀고 저 손님하고도 놉니다. 요릿집에서 요릿집으로 불려 다닙니다. 번화하게 웃고 지냅니다. 그래도 때때로 외로운 생각이 들어요. 곧 울고 싶어요. 시쳇말로 나지미가 많으면 많을수록 어째 쓸쓸해서 견딜 수 없어요. 요새 문자로 꼭 한 사람에게 연애를 하였으면 하는 생각이 하루도 열두 번이나 나겠지요."

그는 폐부에서 짜낸다는 어조로 이렇게 늘어놓았다. 온통 허위는 아닌 고백이리라. 참된 사랑을 할 수 없음은 위에 없는 심적 비극일 것이다. 환락의 맨 밑에는 비애가 가로누워 있음도 혹 사실일 것이다. 술에 물커지고 육에 해어진 백공천창 뚫린 넋의 신음을 나는 듣는 듯싶었다. 춘심은 말을 이었다.

"나리를 알게 되자, 어째 전일에 생각하던 대로 된 것 같아요. ……그런데 웬일인지 더욱 애달프고 슬퍼서 어찌할 수 없었습니다. 그전 슬픔은 여기에 대면 아무것도 아니었습니다. 나리를 보면 웃음은 나오면서도 가슴이 메어지는 듯하여요. 고만 죽었으면 하는 생각이 들어요. 나리를 아삭아삭 물어뜯고 싶겠지요. 그러나 물어뜯기는 건 제 가슴이지요. 독한 벌레에게 쏘인 것처럼 쓰리고 아팠어요. 이것이 무슨 까닭인지……."

이 피를 뽑는 듯한 언언구구가 단 쇠끝 모양으로 나의 가슴에 들어박혔다. 따끈따끈한 고통을 느끼면서 신랄한 쾌감을 맛보았다. 나도 그를 지근지근 물어 주고 싶었다. 물지는 못할망정 나의 입술은 그의 입술을 열렬하게 빨고 있었다. 그 위에 핀 키스의 꽃을 뿌리째 뽑아 버리려는 것처럼. …… 이윽고 뜨뜻한 무엇이 나의 얼굴에 축축하게 젖음을 느끼었다.

　나는 낯을 떼었다. 그는 울고 있다. 다이아몬드 알맹이 같은 눈물 방울이 번쩍이는 그의 속눈썹에 송송 솟는 것을 보았다. 나는 다시금 그를 움켜안았다.

　"놓아 주셔요, 놓아 주셔요."

하고 얼굴을 돌리며 눈물을 씻는다.

　"헤프게도……. 웃지나 말아 주셔요. 속없는 년이라고 웃지나 말아 주셔요. …… 일없는 사나이의 우는 꼴을 볼 때 미쳤나, 울기는 왜 울어, 하고 속으로 웃는 일이 있습니다. 그 품앗이로 오늘은 내가 울고 나리가 웃겠지요!"

하고 울음을 멈추려고 한동안 애를 쓰다가 암만해도 못 참겠다 하는 듯이 흑흑 느끼며,

　"나같이 못난 것 생각 마시고 부모 봉양이나 잘 하셔요. 처자나 잘 기르셔요. 아까운 청춘에 이런 데 다니시지 마시고 만 사람이 우러러보게 잘 되십시오. 나는 진정으로 나리께 바라는 것은 이것뿐입니다. 나도 이를 악물고 나리를 잊겠습니다. …… 아아, 우리가 왜 알게 되었던가? …… 다시 오시지 말아 주셔요. 내 눈에 보이지 말아 주셔요. 나에게는 아버지가 있습니다. 딸자식 하나만 바라는 불쌍한 아버지가 있습니다. 그의 노경을 편안히 지낼 만한 거리를 아니 장만하고는 내 몸이라도 내 몸이 아닙니다. 어제도 딴 년처럼 사나이 삿갓 못 씌운다고 야단을 만났습니다. …… 내 한 몸만 같으면……."

말끝은 오열에 멈춰지고 말았다. 마침 그 때였다.

　중문 흔드는 소리가 요란히 들렸다. 춘심을 데리러 또 인력거가 왔다. 옆방에 있던 금심은 나갔다 들어왔다. 춘심은 눈물을 숨겼다.

“저어……”

금심은 나를 보고 매우 말하기 어려운 듯이,

“저어……, 김 승지 영감이 식도원에서……”

“아파서 못 간다 하려무나.”

금심이가 미처 대답하기 전에 위협하는 듯한 차부의 소리가 가로질렀다.

“그러지 말고 가셔요. 김 승지 영감이 부르셔요. 또 올 걸입시오.”

“아픈데 어찌 간단 말인가?”

“꼭 모시고 오래요. 괜히 남 걸음 시키지 마시고.”

“웬만하면 가 보게그려.”

나는 곁에서 말 참여를 하였다.

이 김 승지란 자는 나의 가장 위험한 경쟁자였다. 춘심의 말에 의지하면 궐자*는 일 년 전부터 자기에게 마음을 두어 가용도 대 주고 세간도 장만해 주었으되 상관(?)은 없었다. 궐은 서울에서 굴지하는 부호의 장자이니 재산은 유여하지만 그 인물에 이르러서는 영이었다. 그 검고 얽은 얼굴이란 보기만 하여도 지긋지긋하되 돈 하나로 말미암아 괄시할 수 없는 손님이었다.

빚 육천 원 갚아 주고 오천 원짜리 집 사 준다는 조건 밑에 궐은 춘심을 떼어 들이려는 중이었다. 금력으로 싸울 수 없다. 인격이나 사랑으로 대항하려는 나는 궐이 부른 줄 알면 피해 주는 것이 항례이었고, 가기 싫다는 것을 가 보라고 권한 적도 있었다. 그러나 궐자로 말미암아 우연의 길운과 초자연의 기행을 믿게 되어 습득 횡령을 꿈꾼 것만 여기 자백해 두자. 춘심은 버티고 가지 않았다.

얼마 아니 되어 궐자가 친히 왔다. 금심이가 미닫이를 열자 춘심은

---

* 궐자(厥者) 그 사람. 좀 얕잡아서 쓰는 말.

일어앉으며 인사하였다.

"어디가 그리 아프담."

"어째 몸도 아프고 머리도 아프고……."

"에키, 몸살이 난 게로군. 그런 줄 모르고 나는 식도원에서 요리를 시켜 놓고 불렀지. 시킨 요리를 퇴할 수도 없고 또 혼자야 먹을 수 있나. 그래 이리 가져오라 하였지."

"아이고, 그렇습니까? 퍽도 미안합니다. 좀 올라오시지요."

"손님이 계신데…… 나 곧 갈 터이야."

나의 피는 혈관에서 불을 피우며 미쳐 날뛰었다. 어떻게 생긴 놈인지 상판이라도 보고 싶었다. 그리고 춘심의 앞에서 보기 좋게 모욕해 주고 싶은 잔혹한 생각이 불같이 일어났다. 그래서 나의 관대와 아량을 보이는 듯이,

"아니 관계 없습니다. 들어오시지요."

라고 하였다.

"네, 고맙습니다. 곧 가겠습니다."

간다면서도 가지 않았다. 궐과 나는 한참 버티고 있었다. 그럴 사이에 요리상 온다는 것이 나의 용기를 꺾었다. 그것 오기 전에 나는 이 자리를 아니 떠날 수 없었다.

"더 노시다가 가시지요."

춘심은 미안해 못 견디는 듯이 말을 하였다.

"신진 대사라니 먼저 온 사람은 가야지."

라고 점잖은 말을 하고 나왔다. 마루에 걸터앉은 이 경쟁자를 해치고 싶어 나는 전신을 떨었다.

"똑 내가 가야 들어가시겠습니까?"

하고 나는 눈살로 궐자를 쏘며 웃음 속에 도전의 칼날을 빛내었다.

"이것 안되었습니다. 매우 미안합니다."

하고 궐자도 홍소*하며 눈의 볼을 흘리었다. 궐의 얼굴은 마치 이글이글 타는 숯불 위에 놓여 있는 불고깃덩이 같았다. 모르면 모르되 나의 얼굴빛도 그러하였으리라. 어찌하였든 나는 밀리어 나왔다. 패배하고 말았다. 분해서 견딜 수 없다. 다시 들어가,

'아까는 내가 나갔으니 인제는 노형이 나가시오.'

하고도 싶었다. 그것보다 딴 사람을 들여보내 들부수는 것이 나으리라 하고 나는 미친 듯이 달음박질하였다. C의 여관 문을 두드렸다. C는 없었다.

나는 밤이 깊어 가는 줄을 모르고 다방골 근처를 빙빙 돌며 헛되이 보복 수단을 강구하고 있었다.

그런 창피를 당했으면 다시는 그의 집에 아니 갈 것이련만, 나는 마치 흉한에게 빼앗겼던 애인의 안부를 살피려는 것처럼 그 이튿날도 춘심을 방문하였다. 이만큼 나는 춘심에게 정신을 잃게 되었다.

13

나는 임질에 걸리고 말았다. 공교하게 그 몹쓸 병은 옮았을 그 때로 나타나지 않고 며칠 후에야 증세가 드러났다. 거의 행보를 못 하리만큼 남몰래 아팠다. 춘심으로 하여 이런 고통을 겪건만 조금도 그가 괘씸치 않았다.

나의 머리는 아주 이지적이었다. 그야 무슨 죄이랴. 짐승 같은 남자 하나가 그의 정조를 유린하고 그의 육체를 도독하였다.* 저도 모를 사이에 그 독균은 또 다른 남자에게로 옮겨 갔다. 저주할 것은 이 사회이고 한할 것은 내 자신이라 하였다. 그러나 그의 집에 가기는 싫었다. 한 일

---

* 홍소(哄笑) 입 크게 벌리고 웃음.
* 도독하다 심한 해독을 끼치다.

주일 후이리라. 내가 사에서 돌아오니 마당에 이불이 널리고 농짝이 들내어 있었다. 그 날은 춘기 대청결이었다.

어머님이 나를 보고 웃으시면서,

"건넌방에 가 보아라. 춘심의 부고가 와 있다."

라고 하셨다. 어머님도 물론 그 일을 아셨다. 처음은 야단도 치셨지만 엎지른 물을 담을 수 없고 어머님 오기 전 아내가 거짓 유언을 쓴 뒤로부터는 춘심의 집에 간대도 온 밤을 새운 일은 없으므로 그들은 모두 나에게 알면서 속고 있었다.

나는 가슴이 조금 뜨끔하면서도 웃으며,

"공연히 거짓말 마셔요. 부고가 무슨 부고야요."

"아니, 가 보아. 내가 거짓말인가."

나는 이상하게 생각하면서도 말씀대로 하였다. 이것이 웬일인가? 전일에 얻어 온 춘심의 사진이 갈기갈기 찢겨 있다! 그의 참혹히 죽은 시체나 본 것처럼 간담이 서늘하였다. 칼로 에이어 내는 듯한 슬픔을 느꼈다. 그러자 뒤미처 불덩이 같은 의분이 치받혀 올랐다. 묻지 않아도 아내의 소위인 줄 알 겨를도 없이 알았다. 지난날의 모든 현숙으로 할지라도 이 악행을 기울 수 없었다. 아니다. 착하다고 믿었던 때문에 더욱 용서할 수 없었다. 이 잔인한 학살자를 찾아 원수를 갚으려고 나는 맹렬히 문을 차고 나왔다. 범죄자는 머리에 흰 수건을 쓰고 마루에서 무엇을 치우고 있었다. 나는 그를 잡아먹을 듯이 노려보며 독하게 소리를 질렀다.

"그것이 무슨 짓이야. 무슨 고약한 짓이야. 천하 못된 것 같으니……."

그는 나를 어이없이 쳐다보다가 같이 성을 내며,

"무엇이오. 그까진 년의 사진 좀 뜯으면 어때요? 야단칠 일도 퍽도 없는가 보다."

그가 이렇게 들이대기는 오늘이 처음이었다. 분노는 비등하였다. 나는 성을 어찌할 줄 몰라 침을 부글부글 흘리며 더듬거렸다.

"무엇이 어쩌고 어째? 뜯으면 어떠냐?"

"어때요. 그런 개 같은 년……."

저편도 씨근거렸다. 푸르족족해진 입술이 바르르 떨고 있다.

허파가 벌컥 뒤집히는 듯하였다. 숨이 칵 막힘을 느끼자 문득 때 아닌 눈물이 핑그르 눈초리에 넘쳤다. 나는 모든 것을 잃은 까닭이다! 이

날 이 때까지 나의 사랑하는 아내가 이런 계집일 줄이야 꿈에도 생각지 못한 까닭이다.

아아, 나는 어찌할까?

"몰랐다. 몰랐다. 그런 계집인 줄은 참말 몰랐다. 왜 춘심이가 개 같은 년이야! 너보다 몇 곱이 나을지 모르지. 그의 사진을 왜 뜯어? 그 사진을 왜 뜯어? 둘도 없는 나의 애인이다! 이 세상에서 참으로 나를 사랑하는 이는 오직 그 하나뿐이다! 참 착한 여자다! 어진 여자다! 말이 기생이지 참말 지상 선녀이다. 왜 내가 그에게 아니 갔던고? 왜 아니 갔던고? 나는 가련다. 나는 가련다. 그에게로 나는 가련다."

나는 흥분에 겨워 시나 읊조리는 어조로 소리를 떨었다.

"가지, 누가 못 가게 하나. 아주 끌려 덮졌구먼!"

아내는 어디까지나 냉랭하였다.

나는 집을 뛰어나왔다. 미친 듯이 춘심에게로 달렸다. 문간에서 금심을 만났다. 그는 조금도 반기는 빛이 없었다.

"형 있니?"

"어제 살림 들어갔어요."

하고 금심은 입을 삐죽하고 고만 안으로 사라졌다.

남겨 놓은 그 한 마디 말은 비수같이 나의 심장을 찔렀다. 이 때야말로 어안이 벙벙하였다. 한동안 화석과 같이 우두커니 서 있었다. 하늘도 무너지고 땅도 꺼지는 듯하였다. 눈앞이 캄캄하였다. 하건만,

'흥, 살림을 들어갔다.'

라고 소근거리고 돌아서는 수밖에 없었다.

집 잃은 어린애나 같이 속으로 울며불며 거리로 거리로 방황하였다. 그러나 하릴없이 집으로 돌아왔건만 집에서는 또 얼마나 무서운 사실이 나를 기다리고 있었는지!

아내는 요강에 걸터앉아 온몸을 부들부들 떨고 있다. 차마 볼 수 없

이 새빨갛게 얼굴을 찡그리고 있다. 그 눈에서는 고뇌를 못 이기는 눈물이 그렁그렁하였다.

나는 모든 것을 깨달았다. 병독은 벌써 그의 순결한 몸을 범한 것이다. 오늘 청결하느라고 힘에 넘치는 격렬한 일을 한 까닭에 그 증세가 돌발한 것이다! 춘심의 사진을 처음 볼 때에 웃고만 있던 그로서 그것을 찢게 된 신산한* 심리야 어떠하였으랴!

그의 태중에는 지금 새로운 생명이 움직이고 있다. 이 결과가 어찌 될까?

싸늘한 전율에 나는 전신을 떨었다. 찡그린 두 얼굴은 서로 뚫을 듯이 마주 보고 있었다. 육체를 점점이 씹어 들어가는 모진 독균의 거취를 살피려는 것처럼. 그리고 나는 독한 벌레에게 뜯어먹히면서 몸부림을 치는 어린 생명의 약한 비명을 분명히 들은 듯싶었다.

---

* 신산(辛酸)하다 세상살이의 쓰리고 고생됨을 이르는 말.

발

　기억이 좋은 분은 작년 여름 야시*에서 순사가 발* 장수를 쳐 죽인 사단을 잊지 않았으리라. 그 때 모든 신문은 이 기사로 거의 삼 면의 전부를 채웠고, 또 사설에까지 격월 신랄한 논조로 무도한 경관의 폭행을 여지없이 비난하고 공격하였었다. 온 세상도 이 칼자루의 위풍을 빌려 무고한 양민을 살해한 놈을 절치 부심하였었다. 더구나 그 무참하게도 목숨을 빼앗긴 이야말로 씻은 듯한 가난뱅이이며, 온 집안 식구를 저 한 손으로 벌어 먹여 살리던 그가 비명 횡사를 하고 보니 그의 가족은 무엇을 먹고 살 것이랴. 그 아내 되는 이는 어린 자식 넷을 데리고 병든 몸을 끌며 거리에 구걸하는 수밖에 다른 도리가 없는 형편임을 알 때에 세상에 뜨거운 동정은 피해자에게 모이는 일변으로, 이 참극을 일으킨 흉한에게 대한 미움은 한층 더 심해지고 한층 더 심해졌다. 일 저지른 이가 법에 따라 상해치사죄로 오 년이란 긴 세월의 징역 언도를 받았건

---

* 야시(夜市)　밤에 열리는 시장.
* 발[簾]　가늘게 쪼갠 대오리나 갈대 같은 것으로 엮어 만든 물건.

만, 그래도 공분은 풀리지 않았었다. 경관이라 해서 법률을 굽혔다고 판결에 불만을 품은 이까지 있었다. 이대도록 가해자에 대한 민중의 감정은 사람으로 가질 수 있는 한 끝까지 가는 미움이었었다.

그러나 그 속살을 자세히 알고 보면 이 극흉 극악한 죄인도 그리 미워하지 못하리라. 센티멘털한 이 같으면 한 방울 눈물조차 아끼지 않으리라. 그 또한 주어서 받지 못한 사랑의 가련한 희생자이기 때문이다.

서울이 객지인 그가 머물고 있던 여관은 금부* 뒷골에 있었는데, 여관이라 해도 드러내 놓고 손을 치는 게 아니라 아는 이만 알아서 찾는 객주*라면 객주요, 염집*이라면 염집이었다. 그 집에 어쩐지 비밀이 있는 듯하고, 어쩐지 사람의 마음을 달뜨게 하고, 어쩐지 야릇한 희망을 품게 하는 일종 기괴한 분위기가 떠돌았다. 이 분위기는 그 집을 한 번 방문만 한 분이면 대개 느낄 수 있으리라. 문간에서,

"이리 오너라."

하고 부르면,

"게 누구시오."

하는 간드러진 목소리가 받는다. 이 소리만 들어도 협협한 사내의 마음은 뜬다. 짝짝 하고 신 끄는 소리가 나자 늘 닫혀 있는 중문이 바시시 열리며, 평양식으로 얹은 머리를 한 여편네가 찰찰 넘을 듯한 애교의 웃음을 띠운 얼굴만을 나타낸다. 그 얼굴은 분명히 마흔을 훨씬 지난 얼굴이로되 유달리 붉은 입술과 뺨이 화냥기를 띠고 사람을 끈다. 그는 주인 노파이다. 그리고 또 중문 안까지 쑥 들어선 이면 기름으로나 닦았는지 반들반들한 마루, 뒤주, 그 위에 차곡차곡 얹혀 있는 윤나는 항아리들, 그보다도 북창이 터진 곳에 흔히 기생집에서 볼 수 있는 목제

* 금부(禁府) 의금부. 조선조 때 죄인을 다스리던 관아인 의금부를 가리킴.
* 객주(客主)집 상인의 물건을 위탁받아서 팔거나 중개하는 집.
* 염(閭)집 보통 백성이 사는 집. 여염집의 준말.

일본 경대가 눈에 띄리라. 여러 가지 기름병, 여러 가지 분갑을 실은 그 경대만 보고, 못 견디리만큼 그 임자에 대한 호기심을 품는 이는 매우 불행한 사람이다. 대개는 팔뚝까지 올라간 지지미* 속적삼 바람으로 그 경대 앞에서 머리를 빗든지 분을 바르든지 하는 그 임자를 어렵지 않게 볼 수 있으니까. 스물이 되었을까 한 그 여자는 시집을 갔다가 못 살고 왔다기도 하고, 기생 노릇을 하다가 그만두었다기도 하는 주인 노파의 딸이다.

전체가 좀 장황한 듯하지만 그 집의 짜임짜임도 설명 안 할 수 없다. 광하고 대문간이 있는 채는 따로 떨어졌는데 이 한 채를 떼어 보면 그 집은 하릴없는 고무래 정(丁)자 모양으로 생겼다. 건넌방 다음에 네 칸 대청이 있고 그 다음에 안방이 있는데 머릿방과 합해서 세 칸이 되는 안방이 앞으로 쑥 내민 곳에 부엌이 달려서 몸채는 ㄱ자로 꺾였다. 뒤꼍을 돌아보지 않은 이는 그 집이 통히 그뿐인 줄 알지마는 실상은 그렇지 않아 안방 —— 안방이라느니보다 머릿방 뒤를 옆으로 대어서 또 두 칸 마루가 있고, 그 마루가 끝난 곳에 나란히 방 둘이 있다. 이 뒤채와 통래를 하자면 부엌 뒷문과 머릿방 옆을 뚫은 쌍바라지*가 있을 뿐이다.

일 일어날 임시엔 건넌방에 학생들이 기숙을 하고, 안방은 물론 주인 노파가 있고, 딸은 머릿방에 거처하고, 뒤채의 첫째 방에는 문제의 순사가 들었고, 둘째 방에는 스물일고여덟 살 됨직한 청년 신사 —— 그 집에선 김 주사라고 부르는 이가 들어 있었다. 그 김 주사는 귀공자답게 해사한 얼굴의 임자인데, 오정 때 가까이 일어나 면도질이나 하고 하이칼라 머리를 반지레하게 지꾸(머릿기름)나 바르기에 해를 지우는

---

* 지지미 신축성이 많은 실로 짠 면직물의 한 가지.
* 쌍바라지 양쪽으로 열어젖히고 닫으면 한가운데서 맞도록 두 짝으로 만든 덧문.

걸 보면 하는 노릇은 없는 듯하건만 양복을 벌벌이 걸어 두고 사흘돌이로 갈아입으며, 돈도 풍성풍성하게 쓰는 것을 보면 아마 시골 부자의 자제인 듯하다.

일 일어나기 전날 밤 새벽 두 시, 뒤채의 첫째 방에선 드르렁드르렁 코고는 소리가 난다. 둘째 방 문이 소리없이 열리자 김 주사의 셔츠만 입은 도깨비 같은 모습이 나타나더니 옆방의 숨소리에 주의를 하며 발끝으로 가만가만히 걸어서 열려 있는 머릿방 쌍바라지 안으로 사라진다.

전등불이 환한 머릿방 분홍 모기장에 주인의 딸이 잠이 들었다. 모시 겹이불이 꾸김꾸김해져서 발치에 밀린 것은 잠결에 차 던졌음이리라. 정강이까지 올라간 지지미 속곳, 팔뚝까지 올라간 지지미 적삼, 그것도 더웠던지 하부시 단추를 빼어 뽀얀 젖가슴을 아른아른히 드러내었다. 모기장의 분홍색 반영으로 말미암아 봄날의 꿈빛 같은 발그레한 그림자가 슬쩍 한껏 가는 이 자극을 덮어서 그 곳의 정경을 한층 더 농염*하게 하고, 고혹되게 하고, 풍정 있게 하고 있다.

방 안에 들어서자 조용하게 또는 황급하게 쌍바라지를 닫고 난 사내는 계집의 자는 양을 물끄러미 바라보더니, 제가 얼마나 복된 사람임을 새삼스럽게 느끼는 듯이 싱그레 웃다가 모기장을 들치고 들어온다. 사내의 입술이 계집의 입술에 닿았을 때 자던 이는 놀라며 눈을 크게 뜬다. 김 주사인 줄 알아보자 계집은 안심된 듯이 떴던 눈을 다시 스르르 감을락말락하고 방그레 웃으며,

"나는 누구라고."

하였다.

"왜 순산 줄 알았던?"

"그래요, 난 그 원수엣놈이 또 왔는가 하였지."

---

* **농염(濃艶)** 화사하고 아름다움.

계집은 이런 말을 하고 제 어미를 닮아 유달리 붉은 입술을 둥글게 벌려 하품을 한 번 하더니, 포동포동하게 살진 손으로 얼굴을 몇 번 비비고, 지나치게 숱 많은 눈썹을 몇 번 찡긋찡긋하자 쾌히 잠을 깬다. 쌍꺼풀진 눈알엔 조금 붉은 기가 도는 듯하다. 년은 말끝을 이어 간드러지게,

　"그런데 왜 인제야 오셨수? 밤이 퍽 늦었지?"

　"벌써 올 마음이 굴뚝 같았지만 그 빌어먹을 놈이 세상에 자야지. 인제야 자는가 하고 귀를 기울이면 궐련 피우는 소리가 났다가 한숨 쉬는 소리가 났다가 부스럭부스럭 몸 비비대는 소리가 났다가……. 너한테 몹시도 반했나 보더라."

　"흥, 속없는 사내."

하고 년은 코웃음을 웃는다. 놈도 웃으며,

　"그런데 저녁에 놈팽이가 너더러 무에라고 그렇게 지절대던?"

　"살다가 별꼴을 다 보아. 선술집 신세를 졌는지 술이 잔뜩 취해 가지고 남의 방에 턱 들어오더니만 누가 청이나 한 듯이 제 신세타령을 늘어놓겠지. 나이 서른에 아직 장가도 못 들었다는 둥, 집에는 아버지도 안 계시고 홀어머니뿐이라는 둥……. 또 그 꼴에 제 칭찬이 장관이지. 경관 노릇 삼 년에 남 못할 일 한 번 한 법 없어도 근무라든가 뭐라든가를 착실히 했다나. 그래서 윗사람에게 잘 보여서 내월이면 경부가 되겠고, 경부가 되면 한 달에 팔십 원 벌이는 된다든가 만다든가……. 이러고 한참을 씩둑꺽둑하더니, 아닌 밤중에 홍두깨 내밀기로 남의 손을 덥석 쥐며 같이 살자고 하겠지……."

　"그래서?"

　"아주 눈에 눈물을 글썽거리며 내가 무슨 노릇을 한들 너 하나야 못 먹여 살리겠나. 경부가 되거든 고향으로 —— 제 고향이 인천이라나 —— 전근을 시켜 달라고 해서 둘이 재미있게 살자꾸나. 어머니 한

분 계신대야 예순이 넘은 노인이시고 단둘의 살림이라 편할 대로 편히 해 주마고, 꿀을 담아 붓는 소리로 수단껏 꾀이겠지."

"그래, 너는 무에라고 대답을 했니?"

"차차 생각해 보아야 알겠다고 하였지."

"생각해 본다긴, 딱 거절을 해 버리지 않구."

"어이구, 그런 숙덕이라도 그래도 순사 나리의 행투가 있다오. 공연히 비위를 거슬렀다가 마음에 꼭 끼면 어쩌게. 슬슬 간장이나 녹여주는 게 낫지."

"예끼, 요악한 년 같으니, 허허허."

하고 놈은 불시에 년을 껴안는다. 변통 없이 제 것임을 누구에게 자랑이나 하듯이 그들의 입술은 몇 번 붙었다 떨어졌다 하였다.

"그런데 놈팽이가 우리 둘이 이러는 줄 알면 여북 속이 상할까?"

"그 천치가 한 달을 같이 있어도 눈치를 못 알아채겠지, 하하하…….이제 고만 놓아요, 남 더워 죽겠구면……. 이 땀 보아."

년은 벌떡 일어앉아 활활 부채질을 하다가,

"아이, 더워 죽겠네, 저 쌍바라지를 열까?"

"열다가 그놈이 엿보면 어쩌게?"

"자는데 어떨려구."

"그래도 깰는지 아나?"

"그럼 어찌해?"

"어떨까……. 문을 열고 네 치마로 가릴까?"

"이런 바보, 치마로 가리면 바람이 어디로 들어오게."

"발 같은 것을 쳤으면 좋겠군."

"어디 발이 있어야지."

불쌍한 우리 주인공은 이런 사연을 꿈에도 몰랐다. 그 이튿날 그 날

이야말로 무서운 운명의 검은 손이 저의 덜미를 잡을 줄은 모르고 '생각해 보마' 한 계집의 말을 반승낙으로나 생각한 그는 복된 희망에 가슴을 두근거리며 근무 시간을 보낼 수 있었다. 그 날인즉 스무하루 월급날, 밥값을 치르고 남은 돈으로 장래 아내에게 무슨 선사를 할까 하는 것이 큰 궁리였다. 금반지를 사다 줄까, 옷감을 끊어다 줄까, 양산을 사다 줄까……. 이런 생각에 그는 때때로 정신을 잃고 멀거니 먼 산을 바라보고 있었다. 금반지와 옷감엔 돈이 조금 모자라고 양산은 있는 모양, 차라리 저녁에 데리고 나와서 야시로 산보나 하다가 탑동 공원 안에 있는 청목당 지점에 들어가서 어디 조용한 방을 치우고 권커니 작커니 웃고 즐기다가 반승낙을 온승낙으로 바꾸는 게 나으리라고 생각하였다.

저녁을 먹고 사복을 갈아 입은 그는 작정한 대로 실행하려 하였다.

"몹시 덥고 하니 야시에나 나가 바람이나 쏘이고 들어올까요?"

하고 얼굴을 붉으락푸르락하며 무심한 듯이 말을 붙여 보았다. 의외에 저편이 선선히 승낙하였다.

"그래 볼까요. 그런데 청이 하나 있는걸요."

"무슨 청이십니까?"

"딴 청이 아니라 발 하나만 사 주어요."

저편은 이편이 깜짝 놀랄 만큼 뒷방에까지 들릴 큰 소리로 불쑥 이런 말을 하였다. 그래도 눈치 없는 이편은 그런 무관한 청을 받는 것만 어떻게 기쁜지 몰랐다. 온승낙을 받을 전조와도 같았다. 이편의 입이 저절로 벌어지느라고 저편의 얼굴의 떨며 지나가는 비소의 경련을 알아볼 길이 없었다.

"사 드리구말구."

년은 다정한 듯이 놈의 곁으로 바싹 다가들어 눈으로 제 방의 쌍바라지를 가리키며 귀에 대고 속살거렸다.

"나으리 혼자만 계시면 저 문을 그대로 열어 놓은들 어떠랴마는 딴 손님이 계시니까 어디 만만해요? 닫자니 덥고……."

"암, 그렇지 그래."

사랑에 취한 이는 지당한 말씀이라는 듯이 고개를 수없이 끄덕거렸다.

사랑하는 이를 데리고 나선 이에겐 와락와락 찌는 듯한 공기도 시원하였다. 작달막한 키가 급작스럽게 커지고 까무잡잡한 얼굴이 희어지며 얽은 구멍조차 막히는 듯하였다. 통히 못생긴 저는 간 곳이 없고, 아름답고 훌륭하고 헌칠한 사내가 그의 속에 깃들이고 말았다. 앙바틈하고* 짤막한 다리를 길고 곧기나 한 듯이 흥청흥청 내어던질 제, 종로가 비좁게 왔다갔다하는 어느 사람보다도 제가 복 많고 잘난 듯싶었다. 동글게 뭉친 어깨를 바짝 뒤로 젖혀서 닭의 무리에 섞인 봉이나 무엇같이 도고한* 탯거리를 뺐었다. 그리 크지 않은 얼굴을 어머어마하게 찌푸렸는데 그 표정은 마치,

'너희는 몰라도 나는 경관님이시다. 내게 손가락 하나라도 대었단 봐라, 내 사랑이 보는 앞에서 내 위엄을 알려 줄 테다.'

하는 듯하였다.

야시에 벌여 있는 모든 것이 그의 흥미를 끌었다. 철물전 앞에도 걸음을 멈추었다. 허섭스레기 책 파는 데에서 책을 뒤적뒤적하기도 하고 과일전에서 과일을 들었다 놓기도 하였다. 경매하는 데서 어름어름도 하고 구경꾼들을 둘러세우고 약을 파는 광고쟁이의 연설에도 귀를 기울였다……. 장래 아내와 어깨를 겨누고 거니는 시간을 한시라도 오래 끌고 싶었음이다. 예정한 계획대로 한시바삐 아늑한 요릿집에 들어갈 생각이야 간절하였으되, 그것은 너무도 행복한 일이어서 얼른 실행하

---

* 앙바틈하다 몸뚱이 등이 짤막하고 딱 바라지다.
* 도고(道高)하다 높은 체하며 교만을 부리다.

기가 아까운 듯하였다. 마음이 조마조마도 하였다. 확실 무의*하게 제 앞에 놓인 행복이니 꼭 부여잡을 시간을 잠깐 늘인들 어떠하리. 그래 가지고 얼마 아니 되어 끔찍한 행복이 닥쳐온다는 자릿자릿한 예감을 맛본들 어떠하리.

이럴 즈음에 년의 목적한 바 발 전이 거기 있었다.

"여기 발 전이 있군요."

하고 년은 아까 띠운 비소를 또 한 번 띠우며 전 앞으로 들어선다. 놈은 지금 발 살 생각은 조금도 없었다. 홀린 이의 청이니 사 주기는 사 줄지라도 요릿집에서 돌아오는 길에 살 작정이었다. 그러나 년이 들어서는 받자에야 저도 들어서는 수밖에 없었다. 이런 것 저런 것 허청으로 고르는 체하다가 그 중의 하나를 집어 들고 값을 물어 보았다.

"삼 원만 내십시오."

"오십 전만 주지."

하고 놈은 년을 향해 웃어 보였다.

"그건 말이 됩니까, 아닙지오."

하고 발 장수는 기막힌 듯이 한 번 웃고는 먼 산을 본다. 그 태도가 조금 비위에 거슬렸으되, 어처구니없이 값을 깎은 것을 생각하고 웃고 일어설 수 있었다. 그 전을 한뒤 걸음 떠나가자 그 장수를 한 번 보기 좋게 닦아세우지 못한 것이 후회가 났다. 계집 앞에서 제 위엄과 세력을 보일 꼭 좋은 기회를 잃은 것이 원통하였다. 남과 시비 한 마디도 똑똑히 못하는 반편으로나 알지 않을까 하매, 몹시 높던 제가 문득 납작해진 듯해서 불쾌하기 짝이 없었다. 어찌하든지 이 분풀이를 하리란 생각이 그의 마음 속 어디엔가 움직이고 있었다.

얼마 가지 않아서 두 번째 발 전이 거기 있었다. 한 마흔 됨직한 성미

---

* 확실 무의(確實無疑) 확실하여 의심이 없게 함.

괄괄하게 생긴 그 주인은 무슨 화증 나는 일이 있는지(모르면 모르되 흥정 없는 까닭이리라) 잔뜩 얼굴을 찌푸리고 속상한 듯이 곰방대에 담배를 떨고 넣고 한다. 년놈은 또 발을 이것저것 고르다가 아까 모양으로 값을 물었다.

"이 원 팔십 전이오."

"오십 전에 파우."

주인은 시커먼 눈알맹이를 한 번 희번덕하더니 순사의 손에 든 발을 낚아채며,

"이런 제길, 도둑놈 뒷전에서만 물건을 사 보았단 말인가. 이 원 팔십 전 내라는 걸 단 오십 전 받으란다."

귀부인을 모신 기사에게는 더할 수 없는 모욕이었다. 순사는 바르르 몸을 떨다가 빽 소리를 질렀다.

"이놈, 무엇이 어쩌고 어째? 장수가 에누리하는 것도 예사고, 손님이 깎는 것도 예사지."

앉았던 장수는 벌떡 일어선다.

"이놈이라니, 남의 물건을 사면 사고 말면 말았지, 누구더러 이놈 저놈, 다리 뼈다귀를 분질러 놓을 놈 같으니."

경관의 얼굴엔 벌컥 피가 올랐다.

"왜 이러서요. 그만두어요."

하고 팔목을 잡아당기는 년의 손을 뿌리칠 겨를도 없이 이편의 손은 저편의 뺨을 갈겼다.

"이놈, 날 누군 줄 알구."

"에쿠, 이놈이 사람 친다."

는 고함과 함께 저편의 반항하는 손길도 이편의 뺨에 올라 붙었다. 계집 데린 이는 눈에서 불이 번쩍 났다. 그의 분노는 머리 끝까지 사무쳤다. 생채기를 입은 경관의 자존심, 더구나 똥칠한 계집에 대한 체면이

그로 하여금 물인지 불인지 모르게 하고 말았다. 입 안에 버글하고 거품이 돌자 퉁겨 나온 눈망울에 쌍심지를 켜며 두 주먹과 두 다리가 허산바산 장수의 몸에 붙었다 떨어졌다 하였다. 장수도 턱없이 맞고 있을 리 없었다.

"이놈, 네 명색이 뭐냐?"

는 푸념을 섞어 가며 그편의 팔과 다리도 놀지 않았다. 한동안,

"에쿠!"

"에쿠!"

하는 소리가 그 곳의 공기를 무섭게 뒤흔들고 있었다. 이윽고 발 장수가 악 하고 외마디 소리를 치자마자 팍 그 자리에 거꾸러진다. 순사의 곧은 발길이 그의 ○○을 들어가 질렀음이다. 그 때에 위지삼잡* 에워싼 구경꾼을 헤치고 정복 순사가 들어왔다.

그는 걷고 발 장수는 엇들리어 경찰서로 갔다. 그 날 밤이 채 새지 않아 발 장수는 구류간에서 죽고 말았다.

그가 수감되던 날 저녁, 김 주사와 주인의 딸은 애저녁부터 한시름 잊은 듯이 부채를 맞부치며 머릿방에 누워 있다.

"내 말이 어때요, 그런 숙덕이라도 다 제 행투가 있지 않아요."

"제 행투가 있으면 쓸데 있나, 때여가는데……."

"어쩌면 사람을 쳐 죽이고, 아이 무서워."

"아주 표독한 놈이야, 사람을 어디 칠 데가 없어서 하필 ○○을 찬담."

"때여가기 전 연이틀은 꼭 제 방에 처박혀서 꿍꿍 앓기만 하더니 오늘 아침엔 샛노란 얼굴로 또 내 방에 스르르 들어오겠지. 들어와서 하는 말이 또 장관이야. 이번 일은 꼭 내 잘못이니 같이 나갔다고 행여 미안하게 생각지 말라나 어쩌라나."

---

* 위지삼잡 겹겹으로 둘러쌈.

"그럼 제 잘못이지 뉘 잘못인고. 미안하긴 왜? 시러베아들놈."

"그리고 또 이것 좀 봐요. 제 지은 죄는 모르는지 잘 하면 한 육 개월 살 터이고 오래 살아야 일 년만 살면 나올 테니, 그 때까지 기다리겠느냐 하겠지, 하하하. 사람이 우스워 죽지."

"쓸개빠진 놈, 허허허, 그래?"

"기다려 보지요, 하였지."

"기다려 보지요가 묘한걸."

이런 수작을 주고받는데, 그 방의 쌍바라지는 발 없어도 인제 무방하다는 듯이 열려 젖혀 있었다……

빈처

1

"그것이 어째 없을까?"

아내가 장문을 열고 무엇을 찾더니 입안말로 중얼거린다.

"무엇이 없어?

나는 우두커니 책상머리에 앉아서 책장만 뒤적뒤적하다가 물어 보았다.

"모본단* 저고리가 하나 남았는데."

"……."

나는 그만 묵묵하였다.

아내가 그것을 찾아 무엇 하려는 것을 앎이라. 오늘 밤에 옆집 할멈을 시켜 잡히려 하는 것이다.

---

* 모본단(模本緞) 비단의 한 가지.

이 이 년 동안에 돈 한 푼 나는 데는 없고 그대로 주리면 시장할 줄 알아 기구와 의복을 전당국* 창고에 들이밀거나 고물상 한 구석에 세워 두고 돈을 얻어오는 수밖에 없었다.

지금 아내가 하나 남은 모본단 저고리를 찾는 것도 아침거리를 장만 하려 함이다. 나는 입맛을 쩍쩍 다시고 폈던 책을 덮으며 '후유.' 한숨 을 내쉬었다.

봄은 벌써 반이나 지났건마는 이슬을 실은 듯한 밤기운이 방구석으 로부터 슬금슬금 기어나와 사람에게 안기고, 비가 오는 까닭인지 밤은 아직 깊지 않은데 인적조차 끊어지고 온 천지가 빈 듯이 고요한데 투닥 투닥 떨어지는 빗소리가 한없는 구슬픈 생각을 자아낸다.

"빌어먹을 것, 되는 대로 되어라."

나는 점점 견딜 수 없어 두 손으로 흩어진 머리카락을 쓰다듬어 올리 며 중얼거려 보았다.

이 말이 더욱 처량한 생각을 일으킨다. 나는 또 한 번,

'후유.'

한숨을 내쉬며 왼팔을 베고 책상에 쓰러지며 눈을 감았다.

이 순간에 오늘 지낸 일이 불현듯 생각이 난다.

늦게야 점심을 마치고 내가 막 궐련 한 개를 피워 물 적에 한성은행 다니는 T가 공일이라고 놀러 왔었다.

친척은 다 멀지 않게 살아도 가난한 꼴을 보이기도 싫고 찾아갈 적마 다 무엇을 꾸어내라고 조르지도 아니하였건만 행여나 무슨 구차한 소 리를 할까 봐서 미리 방패막이를 하고 눈살을 찌푸리는 듯하여 나도 발 을 끊고 따라서 찾아오는 이도 없었다.

---

* 전당국(典當局) 전당포.

다만 이 T는 촌수가 가까운 까닭인지 자주 우리를 방문하였다.

그는 성실하고 공순하여 설설한* 소사에 슬퍼하고 기뻐하는 인물이었다.

동년배인 우리 둘은 늘 친척간에 비교거리가 되었었다.

그리고 나의 평판이 항상 좋지 못했다.

"T는 돈을 알고 위인이 진실해서 그애는 돈푼이나 모을 것이야! 그러나 K(내 이름)는 아무짝에도 못쓸 놈이야. 그 잘난 언문 섞어서 무어라고 끄적거려 놓고 제 주제에 무슨 조선에 유명한 문학가가 된다니! 시러베아들놈!"

이것이 그네들의 평판이었다.

내가 문학인지 무엇인지 하는 소리가 까닭없이 그네들의 비위에 틀린 것이다.

더군다나 나는 그네들의 생일이나 혹은 대사 때에 돈 한 푼 이렇다는 일이 없고, T는 소위 착실히 돈벌이를 하여 가지고 국수 밥소라*나 보조를 하는 까닭이다.

"얼마 아니 되어 T는 잘살 것이고 K는 거지가 될 것이니 두고 보아!"

오촌 당숙은 이런 말씀까지 하였다 한다.

입 밖에는 아니 내어도 친부모 친형제까지라도 심중으로는 다 이렇게 생각할 것이다.

그래도 부모는 달라서 화가 나시면,

"네가 그리 하다가는 말경에 비렁뱅이가 되고 말 것이야."

라고 꾸중은 하셔도,

"사람이란 늦복 모르느니라."

"그런 사람은 또 그렇게 되느니라."

---

* 설설한 자그마한.
* 밥소라 밥, 떡국, 국수 등을 담는 큰 놋그릇.

하시는 것이 스스로 위로하는 말씀이고 또 며느리를 위로하는 말씀이었다.

이것을 보아도 하는 수 없는 놈이라고 단념을 하시면서 그래도 잘 되기를 바라시고 축원하시는 것을 알겠더라.

여하간 이만하면 T의 사람됨을 가히 알 수가 있다.

그리고 그가 우리 집에 올 것 같으면 지어서 쾌활하게 웃으며 힘써 재미스러운 이야기를 하였다.

단둘이 고적하게 그날그날을 보내는 우리에게는 더할 수 없이 반가웠었다.

오늘도 그가 활발하게 집에 쑥 들어오더니 신문지에 싼 기름한* 것을 '이것 봐라.' 하는 듯이 마루 위에 올려놓고 분주히 구두끈을 끄른다.

"이것은 무엇인가."

나는 물어 보았다.

"저어, 제 처의 양산이야요. 쓰던 것이 벌써 낡았고 또 살이 부러졌다나요."

그는 구두를 벗고 마루에 올라서며 나오는 웃음을 참지 못하여 벙글벙글하면서 대답을 한다.

그는 나의 아내를 돌아보며 돌연히,

"아주머니, 좀 구경하시렵니까?"

하더니 싼 종이와 집을 벗기고 양산을 펴 보인다. 흰 비단 바탕에 두어 가지 매화를 수놓은 양산이었다.

"검정이는 좋은 것이 많아도 너무 칙칙해 보이고……, 회색이나 누렁 이는 하나도 그것이야 싶은 것이 없어서 이것을 산걸요."

그는 '이것보다도 더 좋은 것을 살 수가 있나?' 하는 뜻을 보이려고

---

* 기름한 조금 긴 듯하다.

애를 쓰며 이런 발명*까지 한다.

"이것도 퍽 좋은데요."

이런 칭찬을 하면서 양산을 펴들고 이리저리 홀린 듯이 들여다보고 있는 아내의 눈에는,

'나도 이런 것을 하나 가졌으면…….'
하는 생각이 역력히 보인다.

나는 갑자기 불쾌한 생각이 와락 일어나서 방으로 들어오며 아내의 양산 보는 양을 빙그레 웃으며 바라보고 있는 T에게,

"여보게, 방에 들어오게그려, 우리 이야기나 하세."

T는 따라 들어와 물가 폭등에 대한 이야기며 자기의 월급이 오른 이야기며 주권을 몇 주 사두었더니 꽤 이익이 남았다든가, 이번 각 은행 사무원 경기회에서 자기가 우월한 성적을 얻었다든가, 이런 것 저런 것 한참 이야기하다가 돌아갔었다.

T를 보내고 책상을 향하여 짓던 소설의 결미를 생각하고 있을 즈음에,

"여보!"

아내의 떠는 목소리가 바로 내 귀 곁에서 들린다.

핏기 없는 얼굴에 살짝 붉은빛이 돌며 어느 결에 내 곁에 바싹 다가 앉았더라.

"당신도 살 도리를 좀 하셔요."

"……."

나는 또 '시작하는구나.' 하는 생각이 번개같이 머리에 번쩍이며 불쾌한 생각이 벌컥 일어난다.

그러나 무어라고 대답할 말이 없어 묵묵히 있었다.

＊발명(發明) 죄나 잘못이 없음을 말하여 밝힘.

"우리도 남과 같이 살아 보아야지요."

아내가 T의 양산에 단단히 자극을 받은 것이다.

예술가의 처 노릇을 하려는 독특한 결심이 있는 그는 좀처럼 이런 소리를 입 밖에 내지 아니하였다.

그러나 무엇에 상당한 자극만 받으면 참고 참았던 이런 소리를 하게 되는 것이다.

나도 이런 소리를 들을 적마다 '그럴 만도 하다.'는 동정심이 없지 아니하나 심사가 어쩐지 좋지 못하였다.

이번에도 '그럴 만도 하다.'는 동정심이 없지 아니하되 또한 불쾌한 생각을 억제키 어려웠다.

잠깐 있다가 불쾌한 빛을 드러내며,

"급작스럽게 살 도리를 하라면 어찌 할 수가 있소. 차차 될 때가 있겠지!"

"아이구, 차차란 말씀 그만두구려, 어느 천 년에……."

아내의 얼굴에 붉은빛이 짙어 가며 전에 없던 흥분한 어조로 이런 말까지 하였다.

자세히 보니 두 눈에 은은히 눈물이 고였더라.

나는 잠시 멍멍하게 있었다. 성낸 불길이 치받쳐 올라온다. 나는 참을 수 없었다.

"막벌이꾼한테 시집을 갈 것이지 누가 내게 시집을 오랬어! 저 따위가 예술가의 처가 다 뭐야!"

사나운 어조로 몰풍스럽게* 소리를 꽥 질렀다.

"에그!……."

살짝 얼굴빛이 변해지며 어이없이 나를 보더니 고개가 점점 수그러

---

* 몰풍(沒風)스럽다 성격이나 태도가 정이 없고 냉랭하며 퉁명스러운 데가 있다.

지며 한 방울 두 방울 방울방울 눈물이 장판 위에 떨어진다.

　나는 이런 일을 가슴에 그리며 그래도 내일 아침거리를 장만하려고 옷을 찾는 아내의 심중을 생각해 보니 말할 수 없는 슬픈 생각이 가을 바람과 같이 설렁설렁 심골*을 분지르는 것 같다.

　쓸쓸한 빗소리는 굵었다가 늘었다 의연히 적적한 밤공기에 더욱 처량히 들리고, 그을음 앉은 등피 속에서 비치는 불빛은 구름에 가린 달빛처럼 우는 듯 조는 듯, 구차히 얻어 산 몇 권 양책의 표제 금자가 번쩍거린다.

2

　장 앞에 초연히 서 있던 아내가 무엇이 생각났는지 고개를 끄덕끄덕 하며 들릴 듯 말 듯 목 안의 소리로,

　"오호…… 옳지, 참 그 날……."

　"찾았소?"

　"아니야요, 벌써……, 저 인천 사시는 형님이 오셨던 날……."

　"……."

　아내가 애써 찾던 그것도 벌써 전당포의 고운 먼지가 앉았구나! 종지 하나라도 차근차근 아랑곳하는 아내가 그것을 잡혔는지 아니 잡혔는지 모르는 것을 보면 빈곤이 얼마나 그의 정신을 물어뜯었는지 가히 알겠다.

　"……."

　"……."

　한참 동안 서로 아무 말이 없었다.

---

* 심골(心·骨)　깊은 마음 속.

가슴이 어째 답답해지며 누구하고 싸움이나 좀 해 보았으면, 소리껏 고함이나 질러 보았으면, 실컷 울어 보았으면 하는 일종 이상한 감정이 부글부글 피어오르며 전신에 이가 스멀스멀 기어다니는 듯, 옷이 어째 몸에 끼이고 견딜 수가 없다.

나는 이런 감정을 노골적으로 드러내며,

"점점 구차한 살림에 싫증이 나서 못 견디겠지?"

아내는 무엇을 생각하는지 모르게 정신을 잃고 섰다가 그 거슴츠레한 눈이 둥그레지며,

"네에? 어째서요?"

"무얼 그렇지."

"싫은 생각은 조금도 없어요."

이렇게 말이 오락가락함을 따라 나는 흥분의 도가 점점 짙어 간다.

그래서 아내가 떨리는 소리로,

"어째 그런 줄 아셔요?"

하고 반문할 적에,

"나를 숙맥으로 알우?"

라고 격렬하게 소리를 높였다.

아내는 살짝 분한 빛이 눈에 비치며 물끄러미 나를 들여다본다.

나는 괘씸하다는 듯이 흘겨보며,

"그러면 그것 모를까! 오늘까지 잘 참아 오더니 인제는 점점 기색이 달라지는걸 뭐! 물론 그럴 만도 하지마는!"

이런 말을 하는 내 가슴에는 지난 일이 활동 사진 모양으로 얼른얼른 나타난다.

6년 전에(그 때 나는 16세이고 저는 18세였다.) 우리가 결혼한 지 얼마 아니 되어 지식에 목마른 나는 지식의 바닷물을 얻어 마시려고 표연히 집을 떠났었다.

광풍에 나부끼는 버들잎 모양으로 오늘은 지나,* 내일은 일본으로 굴러다니다가 금전의 탓으로 지식의 바닷물도 흠씬 마셔 보지도 못하고 반거들충이*가 되어 집에 돌아오고 말았다.

그가 시집올 때에는 방글방글 피려는 꽃봉오리 같던 아내가 어느 겨를에 이울어가는* 꽃처럼 두 뺨에 선연한 빛이 스러지고 이마에는 벌써 두어금 가는 줄이 그리어졌다.

처가 덕으로 집칸도 장만하고 세간도 얻어 우리는 소위 살림을 하게 되었다.

처음에는 그럭저럭 지냈었지마는 한 푼 나는 데 없는 살림이라 한 달 가고 두 달 갈수록 점점 곤란해질 따름이었다.

나는 보수 없는 독서와 가치 없는 창작으로 해가 지고 날이 새며 쌀이 있는지 나무가 있는지 망연케 몰랐었다.

그래도 때때로 맛난 반찬이 상에 오르고 입은 옷이 과히 추하지 아니함은 전혀 아내의 힘이었다.

전들 무슨 벌이가 있으리요, 부끄럼을 무릅쓰고 친가에 가서 눈치를 보아 가며 구차한 소리를 하여 가지고 얻어 온 것이었다.

그것도 한두 번 말이지 장구한 세월에 어찌 늘 그럴 수가 있으랴! 말경에는 아내가 가져온 세간과 의복에 손을 대는 수밖에 없었다.

잡히고 파는 것도 나는 아는 체도 아니하였다.

그가 애를 쓰며 퉁명스러운 옆집 할멈에게 돈푼을 주고 시켰었다.

이런 고생을 하면서도 그는 나의 성공만 마음 속으로 깊이깊이 믿고 빌었었다.

어느 때에는 내가 무엇을 짓다가 마음에 맞지 아니하여 쓰던 것을 집

---

* 지나(支那) 중국의 딴 이름.
* 반거들충이 무엇을 배우다가 다 이루지 못하고 그만둔 사람.
* 이울다 꽃이나 잎이 시들다.

어던지고 화를 낼 적에,

"왜 마음을 조급하게 잡수셔요! 저는 꼭 당신의 이름이 세상에 빛날 날이 있을 줄 믿어요. 우리가 이렇게 고생을 하는 것이 장차 잘 될 근본이야요."

하고 그는 스스로 흥분되어 눈물을 흘리며 나를 위로한 적도 있었다.

내가 외국으로 돌아다닐 때에 소위 신풍조에 떠 까닭없이 구식 여자가 싫었었다.

그래서 나는 일찍이 장가든 것을 매우 후회하였다.

어떤 남학생과 어떤 여학생이 서로 연애를 주고받고 한다는 이야기를 들을 적마다 공연히 가슴이 뛰놀며 부럽기도 하고 비감스럽기도* 하였다.

그러나 낫살이 들어갈수록 그런 생각도 없어지고 집에 돌아와 아내를 겪어 보니 의외에 그에게 따뜻한 맛과 순결한 맛을 발견하였다. 그의 사랑이야말로 이기적 사랑이 아니고 헌신적 사랑이었다.

이런 줄을 점점 깨닫게 될 때에 내 마음이 얼마나 행복스러웠으랴! 밤이 깊도록 다듬이를 하다가 그만 옷 입은 채로 쓰러져 곤하게 자는 그의 파리한 얼굴을 들여다보며,

"아아, 나에게 위안을 주고 원조를 주는 천사여!"

하고 감격이 극하여 눈물을 흘린 일도 있었다.

내가 알다시피 내가 별로 천품*은 없으나 어쨌든 무슨 저작가로 몸을 세워 보았으면 하여 나날이 창작과 독서에 전심력을 바쳤다. 물론 아직 남에게 인정될 가치는 없는 것이다.

그 영향으로 자연 일상 생활이 말유*하게 되었다.

---

* 비감(悲感)스럽다 슬프고 애잔한 느낌이 있다.
* 천품(天稟) 타고난 기품.
* 말유(末由) 어디로부터 시작해야 좋을지 모름.

이런 곤란에 그는 근 이 년 견디어 왔건만 나의 하는 일은 오히려 아무 보람이 없고 방 안에 놓였던 세간이 줄어지고 장롱에 찼던 옷이 거의 다 없어졌을 뿐이다.

그 결과 그다지 견딜성 있던 저도 요사이 와서는 때때로 쓸데없는 탄식을 하게 되었다.

손잡이를 잡고 마루 끝에 우두커니 서서 하염없이 먼 산만 바라보기도 하며, 바느질을 하다가 말고 실심한 사람 모양으로 멍멍히 앉았기도 하였다.

창경으로 비치는 어스름한 햇빛에 나는 흔히 그의 눈물 머금은 근심 있는 눈을 발견하였다.

이럴 때에는 말할 수 없는 쓸쓸한 생각이 들며 일없이,

"마누라!"

하고 부르면 그는 몸을 흠칫하고 고개를 저리 돌리어 치맛자락으로 눈물을 씻으며,

"네에?"

하고 울음에 떨리는 가는 대답을 한다. 나는 등에 물을 끼얹은 듯 몸이 으쓱해지며 처량한 생각이 싸늘하게 가슴에 흘렀었다.

그렇지 않아도 자비*하기 쉬운 마음이 더욱 심해지며,

"내가 무자격한 탓이다."

하고 스스로 멸시를 하고 나니 더욱 견딜 수 없다.

"그럴 만도 하다."

는 동정심이 없지 아니하되 그래도 그만 불쾌한 생각이 일어나며,

"계집이란 할 수 없어."

혼자 이런 불평을 중얼거렸다.

＊ 자비(自卑) 스스로 자기 자신을 낮추다.

환등 모양으로 하나씩 둘씩 이런 일이 가슴에 나타나니 무어라고 말할 용기조차 없어졌다.

나의 유일의 신앙자이고 위로자이던 저까지 인제는 나를 아니 믿게 되었다.

그는 마음 속으로,

'네가 육 년 동안 내 살을 깎고 저미었구나! 이 원수야.'

할 것이다.

이렇게 생각하매 그의 불 같던 사랑까지 엷어져 가는 것 같았다. 아니 흔적도 없이 사라지고 만 것 같았다. 나는 감상적으로 허둥허둥하며,

"낸들 마누라를 고생시키고 싶어 시켰겠소! 비단옷도 해 주고 싶고 좋은 양산도 사 주고 싶어요! 그러길래 왼종일 쉬지 않고 공부를 아니하우. 남 보기에는 펀펀히 노는 것 같아도 실상은 그렇지 않애! 본들 모른단 말이오."

나는 점점 강한 가면을 벗고 약한 진상을 드러내며 이와 같은 가소로운 변명까지 하였다.

"왼 세상 사람이 다 나를 비소*하고 모욕하여도 상관이 없지만, 마누라까지 나를 아니 믿어 주면 어찌한단 말이오."

내 말에 스스로 자극이 되어 가지고 마침내,

"아아!"

길이 탄식을 하고 그만 쓰러졌다. 이 순간에 고개를 숙이고 아마 하염없이 입술만 물어뜯고 있던 아내가 홀연,

"여보!"

울음소리를 떨면서 무너지는 듯이 내 얼굴에 쓰러진다.

"용서……."

---

* 비소(誹笑) 남을 비난하여 웃음.

하고는 북받쳐 나오는 울음에 말이 막히고 불덩이 같은 두 뺨이 내 얼굴을 누르며 흑흑 느끼어 운다. 그의 두 눈으로부터 샘솟듯 하는 눈물이 제 뺨과 내 뺨 사이를 따뜻하게 젖어 퍼진다.

내 눈에서도 눈물이 흘러내린다. 뒤숭숭하던 생각이 다 이 뜨거운 눈물에 봄눈 슬듯 스러지고 말았다.

한참 있다가 우리는 눈물을 씻었다. 내 속이 얼마나 시원한 듯하였다.

"용서하여 주셔요! 그렇게 생각하실 줄은 참 몰랐어요."

이런 말을 하는 아내는 눈물에 불어오른 눈꺼풀을 아픈 듯이 꿈적거린다.

"암만 구차하기로니 싫증이야 날까요! 나도 한 번 먹은 마음이 있는데."

가만가만히 변명을 하는 아내의 눈물 흔적이 어룽어룽한 얼굴을 물끄러미 바라보며 겨우 심신이 가뜬하였다.

3

어제 일로 심신이 피곤하였던지 그 이튿날 늦게야 잠을 깨니 간밤에 오던 비는 어느 결에 그쳤고 명랑한 햇발이 미닫이에 높았더라. 아내가 다시금 장문을 열고 잡힐 것을 찾을 즈음에 누가 중문을 열고 들어온다.

우리는 누군가 하고 귀를 기울일 적에 밖에서,

"아씨!"

하는 소리가 들렸다.

아내는 급히 방문을 열고 나갔다. 그는 처가에서 부리는 할멈이었다. 오늘이 장인 생신이라고 어서 오라는 말을 전한다.

"오늘이야? 참 옳지, 오늘이 이월 열엿샛날이지. 나는 깜빡 잊었어!"

"원 아씨는 딱도 하십니다. 어쩌면 아버님 생신을 잊으신단 말씀이오. 아무리 살림에 재미가 나시더래도!"

시큰둥한 할멈은 선웃음을 쳐 가며 이런 소리를 한다. 가난한 살림에 골몰하느라고 자기 친부의 생신까지 잊었는가 하매 아내의 정지*가 더욱 측은하였다.

아내는 할멈을 수작해 보내고 방으로 들어오며

"오늘이 본가 아버님 생신이래요. 어서 오라시는데……."

"어서 가구려……."

"당신도 가셔야지요. 우리 같이 가셔요."

아내는 하염없이 얼굴을 붉힌다.

나는 처가에 가기가 매우 싫었다. 그러나 아니 가는 것도 내 도리가 아닐 듯하여 하는 수 없이 두루마기를 입었다.

아내는 머뭇머뭇하며 양미간을 보일 듯 말 듯 찡그리다가 곁눈으로 살짝 나를 보더니 돌아서 급히 장문을 연다.

'흥, 입을 옷이 없어서 망설거리는구나.'

나도 슬쩍 돌아서며 생각하였다.

우리는 서로 등지고 섰건마는 그래도 아내가 거의 다 빈 장 안을 들여다보며 입을 만한 옷이 없어서 눈살을 찌푸린 양이 눈앞에 선연하며 어찌할 수가 없었다.

"자아, 가셔요."

무엇을 생각하는지 모르게 정신을 잃고 섰다가 아내의 부르는 소리를 듣고 나는 기계적으로 고개를 돌리었다. 아내는 당목옷으로 갈아입고 내 마음을 알았던지 나를 위로하는 듯이 방그레 웃는다. 나는 더욱 쓸쓸하였다.

우리 집은 천변 배다리 곁에 있고 처가는 안국동에 있어 그 거리가

＊ 정지(情地) 딱한 사정에 있는 가엾은 처지.

꽤 멀었다. 나는 천천히 가노라고 가고 아내는 속히 오느라고 오건마는 그는 늘 뒤떨어졌었다.

내가 한참 가다가 뒤를 돌아보면 그는 꽤 멀리 떨어져 나를 따라오려고 애를 쓰며 주춤주춤 걸어온다. 길가에 다니는 어느 여자를 보아도 거의 다 비단옷을 입고 고운 신을 신었는데, 아내는 당목옷을 허술하게 차리고 청목 당혜*로 타박타박 걸어오는 양이 나에게 얼마나 애연한 생각을 일으켰는지!

한참 만에 나는 넓고 높은 처갓집 대문에 다다랐다.

내가 안으로 들어갈 적에 낯선 사람들이 나를 흘끔흘끔 본다.

그들의 눈에,

'이 사람이 누구인가? 아마 이 집 차인*인가 보다.'

하는 경멸히 여기는 빛이 있는 것 같았다. 안 대청 가까이 들어오니 모두 내게 분분히 인사를 한다. 그 인사하는 소리가 내 귀에는 어째 비소하는 것 같기도 하고 모욕하는 것 같기도 하여 공연히 가슴이 두근거리고 얼굴이 후끈거린다.

그 중에 제일 내게 친숙하게 인사하는 사람이 있다. 그는 아내보다 삼 년 맏인 처형이었다. 내가 어려서 장가를 들었으므로 그 때 그는 나를 못 견디게 시달렸다. 그 때는 그게 싫기도 하고 밉기도 하더니 지금 와서는 그 때 그리한 것이 도리어 우리를 무관하게 정답게 만들었다.

그는 인천 사는데 자기 남편이 기미*를 하여 가지고 이번에 돈 십만 원이나 착실히 땄다 한다. 그는 자기의 잘사는 것을 자랑하고자 함인지 비단을 내리감고 얼굴에 부유한 태가 질질 흐른다. 그러나 분으로 숨기

---

* 청목 당혜(靑目唐鞋) 예전에, 기름에 결은 가죽신의 하나.
* 차인(差人) 장사하는 일에 시중 드는 사람.
* 기미(期米) 양곡 거래소에서 정기 거래의 목적이 되는 쌀. 기한 전에 전매하여 대금의 차액을 얻을 수 있는 거래가 형성된다.

려고 애쓴 보람도 없이 눈 위에 퍼렇게 멍든 것이 내 눈에 띄었다.

"왜 마누라는 어쩌고 혼자 오셔요?"

그는 웃으며 이런 말을 하다가 중문 편을 바라보더니,

"그러면 그렇지! 동부인 아니 하고 오실라구."

혼자 주고받고 한다. 나도 이 말을 듣고 슬쩍 돌아다보니 아내가 벌써 중문 앞에 들어섰더라. 그 수척한 얼굴이 더욱 수척해 보이며 눈물 고인 듯한 눈이 하염없이 웃는다.

나는 유심히 그와 아내를 번갈아 보았다. 처음 보는 사람은 분간을 못 하리만큼 그들의 얼굴은 혹사하다.* 그런데 얼굴빛은 어쩌면 저렇게 틀리는지! 하나는 이글이글 만발한 꽃 같고 하나는 시들 마른 낙엽 같다. 아내를 형이라 하고, 처형을 아우라 하였으면 아무라도 속을 것이다.

또 한 번 아내를 보며 말할 수 없는 쓸쓸한 생각이 다시금 가슴을 누른다. 딴 음식은 별로 먹지도 아니하고 못 먹는 술을 넉 잔이나 마셨다. 그래도 바늘 방석에 앉은 것처럼 앉아 견딜 수가 없다. 집에 가려고 나는 몸을 일으켰다. 골치가 띵 하며 내가 선 방바닥이 마치 폭풍에 흉흉하는 파도같이 높았다 낮았다 어질어질해서 곧 쓰러질 것 같다. 이 거동을 보고 장모가 황망히 일어서며,

"술이 저렇게 취해 가지고 어데로 갈라구, 여기서 한잠 자고 가게."

나는 손을 내저으며,

"안 돼요, 안 돼요. 집에 가겠어요."

취한 소리로 중얼거렸다.

"저를 어쩌나!"

장모는 걱정을 하시더니,

"할멈, 어서 인력거 한 채 불러 오게."

* 혹사(酷似)하다 아주 비슷하다.

한다.

취중에도 인력거를 태워 주지 말고 그 인력거 삯을 나를 주었으면 책 한 권을 사 보련만 하는 생각이 있었다. 인력거를 타고 얼마 아니 가서 그만 잠이 들고 말았다.

한참 자다가 잠을 깨어 보니 방 안에 벌써 남폿불이 켜 있는데 아내는 어느 결에 왔는지 외로이 앉아 바느질을 하고 화로에서는 무엇이 끓는 소리가 보글보글하였다. 아내가 나의 잠깬 것을 보더니 급히 화로에 얹힌 것을 만져 보며,

"인제 그만 일어나 진지를 잡수셔요."

하고 부리나케 일어나 구들목에 파묻어 둔 밥그릇을 꺼내어 미리 차려 둔 상에 얹어서 내 앞에 갖다 놓고 일변 화로를 당기어 더운 반찬을 집어 얹으며,

"자아, 어서 일어나셔요."

한다. 나는 마지못하여 하는 듯이 부시시 일어났다. 머리가 오히려 아프며 목이 몹시 말라서 국과 물을 연해 들이켰다.

"물만 잡수셔 어째요. 진지를 좀 잡수셔야지."

아내는 이런 근심을 하며 밥상머리에 앉아서 고기도 뜯어 주고 생선 뼈도 추려 주었다. 이것은 다 오늘 처가에서 가져온 것이다. 나는 맛나게 밥 한 그릇을 다 먹었다.

내 밥상이 나매 아내가 밥을 먹기 시작한다. 그러면 지금껏 내 잠 깨기를 기다리고 밥을 먹지 아니하였구나 하고 오늘 처가에서 본 일을 생각하였다.

어제 일이 있은 후로 우리 사이에 무슨 벽이 생긴 듯하던 것이 그 벽이 점점 엷어져 가는 듯하며 가엾고 사랑스러운 생각이 일어났었다. 그래서 우리는 정답게 이런 이야기 저런 이야기를 하게 되었다. 우리의 이야기는 오늘 장인 생신 잔치로부터 처형 눈 위에 멍든 것에 옮겨 갔다.

처형의 남편이 이번 그 돈을 딴 뒤로는 주야 요리점과 기생집에 돌아다니더니 일전에 어떤 기생을 얻어 가지고 미쳐 날뛰며 집에만 들면 집안 사람을 들볶고 걸핏하면 처형을 친다 한다. 이번에도 별로 대단치 않은 일에 처형에게 밥상으로 냅다 갈겨 바로 눈 위에 그렇게 멍이 들었다 한다.

"그것 보아, 돈푼이나 있으면 다 그런 것이야."

"정말 그래요. 없으면 없는 대로 살아도 의좋게 지내는 것이 행복이야요."

아내는 충심으로 공명해 주었다. 이 말을 들으매 내 마음은 말할 수 없이 만족해지면서 무슨 승리자나 된 듯이 득의양양하였다. 그리고 마음 속으로,

'옳다, 그렇다. 이렇게 지내는 것이 행복이다.'

하였다.

4

이틀 뒤 해 어스름에 처형은 우리 집에 놀러 왔었다. 마침 내가 정신 없이 무엇을 생각하고 있을 즈음에 쓸쓸하게 닫혀 있는 중문이 찌그뚱하며 비단옷 소리가 사르륵사르륵 들리더니 아랫목은 내게 빼앗기고 윗목에서 바느질을 하고 있던 아내가 문을 열고 나간다.

"아이고, 형님 오셔요."

아내의 인사하는 소리가 들리더니 처형이 계집 하인에게 무엇을 들리고 들어온다. 나도 반갑게 인사를 하였다.

"그 날 매우 욕을 보셨지요? 못 먹는 술을 무슨 짝에 그렇게 잡수셔요."

그는 이런 인사를 하다가 급작스럽게 계집 하인이 든 것을 앗더니 그

속에서 신문지로 싼 것을 끄집어 내어 아내를 주며,

"내 신 사는데 네 신도 한 켤레 샀다. 그 날 청목 당혜를……."

말을 하려다가 나를 곁눈으로 흘끗 보고 그만 입을 닫친다.

"그것을 왜 또 사셨어요."

햅쑥한 얼굴에 꽃물을 들이며 아내가 치사하는 것도 들은 체 만 체하고 처형은 또 이야기를 시작한다.

"올 적에 사랑 양반을 졸라서 돈 백 원을 얻었겠지. 그래서 오늘 종로에 나와서 옷감도 바꾸고 신도 사고……."

그는 자랑과 기쁨의 빛이 얼굴에 퍼지며 싼 보를 끌러,

"이런 것이야!"

하고 우리 앞에 펼쳐 놓는다.

자세히는 모르나 여하간 값 많은 품 좋은 비단일 듯하다.

무늬 없는 것, 무늬 있는 것, 회색, 옥색, 초록색, 분홍색이 갖가지로 윤이 흐르며 색색이 빛이 나서 나는 한참 황홀하였다. 무슨 칭찬을 해야 되겠다 싶어서,

"참 좋은 것인데요."

이런 말을 하다가 나는 또 쓸쓸한 생각이 일어난다. 저것을 보는 아내의 심중이 어떠할까 하는 의문이 문득 일어남이라.

"모다 좋은 것만 골라 샀습니다그려."

아내는 인사를 차리느라고 이런 칭찬은 하나마 별로 부러워하는 기색이 없다. 나는 적이 의외의 감이 있었다.

처형은 자기 남편의 흉을 보기 시작하였다. 그 밉살스럽다는 둥 그 추근추근하다는 둥 말끝마다 자기 남편의 불미한 점을 들다가 문득 이야기를 끊고 일어섰다.

"왜 벌써 가시랴고 하셔요. 모처럼 오셨다가 반찬은 없어도 저녁이나 잡수셔요."

하고 아내가 만류를 하니,

"아니 곧 가야 돼. 오늘 저녁 차로 떠날 것이니까 가서 짐을 매어야 지. 아직 차 시간이 멀었어? 아니 그래도 정거장에 일쯕이 나가야지. 만일 기차를 놓치면 오죽 기다리실라구. 벌써 오늘 저녁 차로 간다고 편지까지 하였는데……."

재삼 만류함도 돌아보지 아니하고 그는 홀홀히 나간다. 우리는 그를 보내고 방에 들어왔다. 나는 웃으며 아내더러

"그까짓 것이 기다리는데 그다지 급급히 갈 것이 무엇이야."

아내는 하염없이 웃을 뿐이었다.

"그래도 옷감 바꿀 돈을 주었으니 기다리는 것이 애처롭기는 하겠지."

밉살스러우니 추근추근하니 하여도 물질의 만족만 얻으면 그것으로 위로하고 기뻐하는 그의 생활이 참 가련하다 하였다.

"참, 그런가 보아요."

아내도 웃으며 내 말을 받는다. 이 때에 처형이 사 준 신이 그의 눈에 띄었는지(혹은 나를 꺼려 보고 싶은 것을 참았는지 모르나) 그것을 집어들고 조심조심 펴 보려다가 말고 머뭇머뭇한다. 그 속에 그를 해롭게 할 무슨 위험품이나 든 것같이.

"어서 펴 보구려."

아내가 하도 머뭇머뭇하기로 보다 못하여 내가 재촉을 하였다.

아내는 이 말을 듣더니,

'작히 좋으랴.'

하는 듯이 활발하게 싼 신문지를 헤친다.

"퍽 이쁜걸요."

그는 근일에 드문 기쁜 소리를 치며 방바닥 위에 사뿐 내려놓고 버선을 당기며 곱게 신어 본다.

"어쩌면 이렇게 맞아요!"

연해연방 감탄사를 부르짖는 그의 얼굴에 흔연한 희색이 넘쳐흐른다.

"……."

묵묵히 아내의 기뻐하는 양을 보고 있던 나는 또다시,

'여자란 할 수 없어.'

하는 생각이 들며,

'조심하였을 따름이다.'

하매 밤빛 같은 검은 그림자가 가슴을 어둡게 하였다. 그러면 아까 처형의 옷감을 볼 적에도 물론 마음 속으로는 부러워하였을 것이다. 다만 표면에 드러내지 않았을 따름이다. 겨우, '어서 펴 보구려.' 하는 한 마디에 가슴에 숨겼던 생각을 속임없이 나타내는구나 하였다.

내가 무엇을 생각하고 있는지 저는 모르고 새 신 신은 발을 조금 쳐들며,

"신 모양이 어때요?"

"매우 이뻐!"

겉으로는 좋은 듯이 대답을 하였으나 마음은 쓸쓸하였다. 내가 제게 신 한 켤레를 사 주지 못하여 남에게 얻은 것으로 만족하고 기뻐하는 거다.

웬일인지 이번에는 그만 불쾌한 생각이 일어나지 아니하였다. 처형이 동서를 밉다거니 무엇이니 하면서도 기차 놓치면 남편이 기다릴까 염려하여 급히 가던 것이 생각난다.

그것을 미루어 아내의 심사도 알 수가 있다. 부득이한 경우라 하릴없이 정신적 행복에만 만족하려고 애를 쓰지마는 기실 부족한 것이다. 다만 참을 따름이다. 그것은 내가 생각해야 된다. 이런 생각을 하니 전날 아내에게 그런 말을 한 것이 후회가 난다.

'어느 때라도 제 은공을 갚아 줄 날이 있겠지!'

나는 마음을 좀 너그럽게 먹고 이런 생각을 하며 아내를 보았다.

"나도 어서 출세를 하여 비단신 한 켤레쯤은 사 주게 되었으면 좋으련만……."

아내가 이런 말을 듣기는 참 처음이다.

"네에?"

아내는 제 귀를 못미더워하는 듯이 의아한 눈으로 나를 보더니 얼굴에 살짝 열기가 오르며,

"얼마 안 되어 그렇게 될 것이야요!"

라고 힘있게 말하였다.

"정말 그럴 것 같소?"

나는 약간 흥분하여 반문하였다.

"그러믄요, 그렇고말고요."

아직 아무도 인정해 주지 않는 무명 작가인 나를 저 하나가 깊이깊이 인정해 준다. 그러기에 그 강한 물질에 대한 본능적 요구도 참아 가며 오늘날까지 몹시 눈살을 찌푸리지 아니하고 나를 도와 준 것이다.

'아 아, 나에게 위안을 주고 원조를 주는 천사여!'

마음 속으로 이렇게 부르짖으며 두 팔로 덥석 아내의 허리를 잡아 내 가슴에 바싹 안았다. 그 다음 순간에는 뜨거운 두 입술이……. 그의 눈에도 나의 눈에도 그렁그렁한 눈물이 물끓듯 넘쳐흐른다.

불

    시집온 지 한 달 남짓한 금년에 열다섯 살밖에 안 된 순이는 잠이 어릿어릿한 가운데도 숨길이 갑갑해짐을 느꼈다. 큰 바위로 내리누르는 듯이 가슴이 답답하다. 바위나 같으면 싸늘한 맛이나 있으련마는 순이의 비둘기 같은 연약한 가슴에 얹힌 것은 마치 장마지는 여름날과 같이 눅눅하고 축축하고 무더운 데다가 천 근의 무게를 더한 것 같다. 그는 복날 개와 같이 헐떡이었다.

    그러자 허리와 엉치가 뼈개 내는 듯 쪼개 내는 듯 갈기갈기 찢는 것 같이, 산산이 바수는 것같이 욱신거리고 쓰라리고 쑤시고 아파서 견딜 수 없었다. 쇠막대 같은 것이 오장육부를 한편으로 치우치며 가슴까지 치받쳐올라 쾅쾅 뻐지를 때엔 순이는 입을 딱딱 벌리며 몸을 위로 추스른다……. 이렇듯 아프니 적이하면 잠이 깨이련만 온종일 물 이기, 절구질하기, 물방아 찧기, 논에 나간 일꾼들에게 밥 나르기에 더할 수 없이 지쳤던 그는 잠을 깨려야 깰 수 없었다. 그렇다고 그가 혼수 상태에 떨어진 것은 물론 아니니,

'이러다간 내가 죽겠구먼! 죽겠구먼! 어서 잠을 깨야지, 깨야지.' 하면서도 풀칠이나 한 듯이 죄어붙는 눈을 뜰 수가 없었다. 흙물같이 텁텁한 잠을 물리칠 수가 없었다. 연해 입을 딱딱 벌리며 몸을 추스르다가 나중에는 지긋지긋한 고통을 억지로 참는 사람 모양으로 이까지 빠드득빠드득 갈아붙이었다……. 얼마 만에야 무서운 꿈에 가위눌린 듯한 눈을 어렴풋이 뜰 수 있었다. 제 얼굴을 솥뚜껑 모양으로 덮은 남편의 얼굴을 보았다. 함지박만한 큰 상판의 검은 부분은 어두운 밤빛과 어우러졌는데 번쩍이는 눈깔의 흰자위, 침이 께 흐르는 입술, 그것이 비뚤어지게 열리며 드러난 누런 이빨만 무시무시하도록 뚜렷이 알아볼 수가 있었다.

그러자 가뜩이나 큰 얼굴이 자꾸자꾸 부어오르더니 주악빛으로 지져 놓은 암갈색의 어깨판도 따라서 확대되어서 깍짓동만하게 되고 집채만 하게 된다. 순이는 배꼽에서 솟아오르는 공포와 창자를 뒤트는 고통에 몸을 떨었다가 버르적거렸다가 하면서 염치없는 잠에 뒷덜미를 집히기도 하고 무서운 현실에 눈을 뜨기도 하였다.

그 고통으로부터 겨우 벗어난 때에는 유월의 단열밤이 벌써 새었다. 사내의 어마어마한 윤곽이 방이 비좁도록 움직이자 밖으로 나간다. 들에 새벽일 하러 나감이리라. 그제야 순이도 긴 한숨을 쉬며 잠을 깰 수 있었다. 짙은 먹칠이나 한 듯하던 들창이 잿빛으로 변하며 가물가물한 가운데 노랏노랏이 삿자리의 눈이 드러난다. 윗목에 놓인 허술한 경대 위에 번들번들하는 석경이라든지 머리맡 벽에 걸려 있는 누룩장이라 든지 '원수의 방'이 분명하다. 더구나 제 등때기 밑에는 요까지 깔려 있다.

'이것은 어찌 된 셈인구?'

순이는 정신을 차리며 생각해 보았다. 어젯밤에 그가 잔 데는 여기가 아닐 테다. 밤이 되면 으레 당하는 이 몹쓸 노릇을 하루라도 면하려고 저녁 설거지를 마치는 맡에 아무도 몰래 헛간으로 숨었었다. 단지 둘밖에 아니 남은 볏섬을 의지삼아 빈 섬거적을 깔고 두 다리를 쭉 뻗칠 사이도 없이 고만 고달픈 잠에 떨어지고 말았었다.

그런데 어찌 또 방으로 들어왔을까? 그 원수의 놈이 육욕에 번쩍이는 눈알을 부라리며 사면팔방으로 찾다가 마침내 그를 발견하였음이리라. 억센 팔로 어렵지 않게 자는 그를 안아다가 또 '원수의 방'에 갖다 놓았음이리라. 그러고는 또 원수의 노릇…….

이런 생각을 끝도 맺기 전에 흐리터분한 잠이 다시금 그의 사개 물러난 몸을 엄습하였다…….

집 안이 떠나갈 듯한 시어미의 소리가 일어났다.

"안 일어났니! 어서 쇠죽을 끓여야지!"

그 소리가 끝나기도 전에 순이는 발딱 몸을 일으킨다. 한 손으로 눈을 비비며 또 한 손으로 남편이 벗겨 놓은 옷을 주섬주섬 총망히 주워 입는다. 그는 시방껏 자지 않았던가? 그 거동을 보면 자기는 새로 정신을 한껏 모으고 호령 일하를 기다리던 군사나 질 바 없었다. 그러리만큼 자던 잠결에도 시어미의 호령은 무서웠음이다.

총총히 마루로 나오니 아직 날은 다 밝지 않았다. 자욱한 안개를 격해서 광채를 잃은 흰 달이 죽은 사람의 눈깔 모양으로 희멀겋게 서쪽으로 기울고 있다.

저녁에 안쳐 놓은 쇠죽 솥에 가자 불을 살랐다. 비록 여름일망정 새벽 공기는 찼다. 더욱이 으슬한 기를 느끼던 순이는 번쩍 하고 불붙는 모양이 매우 좋았다. 새빨간 입술이 날름날름 집어 주는 솔개비를 삼키는 꼴을 그는 흥미있게 구경하고 있었다. 고된 하룻밤으로 말미암아 더욱 고된 순이의 하루는 또 시작되었다.

쇠죽을 다 끓이자 아침밥 지을 물을 또 아니 이어올 수 없었다. 물동이를 이고 두 팔을 치켜 그 귀를 잡으니 겨드랑이로 안개 실린 공기가 싸늘싸늘하게 기어들었다. 시냇가에 나와서 물동이를 놓고 한번 기지개를 켰다. 안개에 묻힌 올망졸망한 산과 등성이는 아직도 몽롱한 꿈길을 헤매는 듯. 엊그제 농부를 기뻐 뛰게 한 큰 비의 덕택으로 논이란 논엔 물이 질번질번한데, 흰 안개와 어우러지니 마치 수은이 엉킨 것 같고 벌써 옮겨 놓은 모들은 파릇파릇하게 졸음 오는 눈을 비비고 있다.

이런 가운데 저 혼자 깨었다는 듯이 시내는 쫄쫄 소리를 치며 흘러간다. 과연 가까이 앉아서 들여다보니 새말간 그 얼굴은 잠 하나 없는 눈동자와 같다. 순이는 풍 하며 바가지를 넣었다. 상처가 난 데를 메우려는 듯이 사방에서 모여든 물이 바가지 들어갔던 자리를 둥글게 에워싸며 한동안 야료를 치다가 그리 중상은 아니라고 안심한 것같이 너르게 너르게 둘레를 그리며 물러나갔다. 순이는 자꾸 물을 퍼내었다.

한 동이를 여다 놓고 또 한 동이를 이려 왔을 제 그가 벌써부터 잡으려고 애쓰던 송사리 몇 마리가 겁없이 동실동실 떠다니는 걸 보았다. 욜랑욜랑하는 그 모양이 퍽 얄미웠다. 숨소리를 죽이고 가만히 두 손을 넣어서 움키려 하였건만 고놈들은 용하게 빠져 달아나곤 한다. 몇 번을 헛애만 쓴 순이는 그만 화가 더럭 나서 이번에는 돌멩이를 주워다가 함부로 물 속의 고기를 때렸다. 제 얼굴에, 옷에 물만 튀었지 고놈들은 도무지 맞지를 않았다. 짜증이 나서 울고 싶다. 돌질로 성공을 못 한 줄 안 그는 다시금 손으로 움켜보았다. 그 중에 불행한 한 놈이 마침내 순이의 손아귀에 들고 말았다. 손 새로 물이 빠져가자 제 목숨도 잦아가는 것에 독살이나 난 듯이 파득파득하는 꼴이 순이에게는 재미있었다. 얼마 안 되어 가련한 물짐승이 죽은 듯이 지친 몸을 손바닥에 붙이고 있을 제 잔인하게도 순이는 땅바닥에 태질을 쳤다. 아프다는 듯이 꼼지락하자 그만 작은 목숨은 사라졌건만 그래도 아니 죽었거니 하고 순이는 손가락으로 건드려 보았다. 그래서 일순간 전에는 파득파득 하고 살았던 그것이 벌써 송장이 된 것을 깨닫자 생명 하나를 없앴다는 공포심이 그의 뒷덜미를 집었다. 그 자리에서 곧 송사리의 원혼이 날 듯싶었다. 갈팡질팡 물을 긷고 돌아서는 그는 누가 뒤에서 머리카락을 잡아당기는 듯하였다.

눈코를 못 뜨게 아침을 치르자마자 그는 또 보리를 찧어야 한다. 절구질을 하노라니 허리가 부러지는 것 같다. 무거운 절구에 끌려서 하마터면 대가리를 절구통 속에 찧을 뻔도 하였다. 팔이 떨어지는 것 같다. 그래도 그는 깽깽 하며 끝까지 절구질을 아니할 수 없었다.

또 점심이다. 부랴부랴 밥을 다 지어서는 모심기 하는 일꾼(거기는 자기 남편도 끼었다.)에게 밥을 날라야 한다. 국이며 밥을 잔뜩 담은 목판이 그의 정수리를 내리누르니 모가지가 자라의 그것같이 옴츠려지는 것은 물론이려니와 키까지 졸아든 듯하였다. 이래가지고 떼어 놓기 어려운 발길을 옮기며 삽짝 밖을 나섰다.

새말갛게 개인 하늘엔 구름 한 점도 없고 중천에 솟은 해님이 불 같은 볕을 내리퍼붓고 있었다. 질펀한 들에는 '흙의 아들'이 하얗게 흩어져 응석 피듯 어머니의 기름진 젖가슴을 철벅거리며 모내기에 한창 바쁘다.

그들이 굽혔다 폈다 하는 서슬에 옷으로 다 여미지 못한 허리는 새까맣게 지져 놓은 듯하고 염치없이 눈에까지 흘러드는 팥죽 같은 땀을 닦느라고 얼굴은 모두 흙투성이가 되었다. 그래도 한시라도 속히 한 포기라도 많이 옮기려고 골똘한 그들은 뼈가 휘어도 괴로운 한숨 한 번 쉬지 않는다. 도리어 그들은 노래를 부른다. 가장 자유로운 곡조로 가장 신나게 노래를 부른다.

땅은 흠씬 젖은 물을 끓는 햇발에 바래이고 있다. 논두렁에 엉클어진 잡풀들은 사람의 발이 함부로 밟음에 맡기며, 발이 지나가기를 기다려 고개를 쳐들고 부신 햇발에 푸른 웃음을 올리고 있다. 거기는 굳세게, 힘있게 사는 생명의 기쁨이 있고 더욱더욱 삶을 충실히 하려는 든든한 노력이 있었다. 간단히 말하면 건강이 넘치는 천지였다. 불건강한 물건의 존재를 허락지 않는 천지였다.

이 강렬한 광선의 바다, 싱싱한 공기를 마시기엔 순이의 몸은 너무나 불건강하였었다. 눈이 핑핑 내어둘리며 머리가 어찔어찔하다. 온몸을 땀으로 멱감기면서도 으쓱으쓱 한기가 들었다. 빗물이 고인 데를 건너 뛰렬 제 물 속에 잠긴 태양이 번쩍 하자 그의 눈앞은 캄캄해졌다. 문득 아침에 제가 죽인 송사리란 놈이 퍼드득 하고 내달으며 방어만치나 어마어마하게 큰 몸뚱이로 그의 가는 길을 막았다. 속으로 '악.' 외마디 소리를 치며 몸을 빼쳐 달아나려고 할 제 그는 그만 무엇이 무엇인지 분간을 못 하게 되었다. 누가 저의 머리채를 잡아서 회술레*를 돌리는 듯한 느낌이었다. 그럴 사이에 그는 벼락치는 소리를 들은 채 정신을 잃었다…….

한참만에야 순이는 깨어났건만 본정신이 다 돌아오지는 않았다. 어리둥절하게 눈만 멀뚱거리고 있는 사이 점심밥을 이고 나가던 일, 넓은 들에서 눈이 부시게 하던 햇발, 길을 막던 송사리 생각이 차례차례로 떠올랐다. 그러면 이고 가던 점심은 어떻게 되었는가 하면서 휘 사방을 둘러볼 겨를도 없이 그는 외마디 소리를 치며 몸을 소스라쳤다. 또다시 그 '원수의 방'에 누웠을 줄이야! 미친 듯이 마루로 뛰어나왔다. 그의 눈은 마치 귀신에게 홀린 사람 모양으로 두려움과 무서움에 휘둥그레졌다.

마당에 널어 놓은 밀을 고무래*로 젓고 있는 시어머니는 뛰어나오는 며느리에게 날카로운 눈살을 던졌다. 국과 밥을 모두 못 먹게 만든 것은 그만두더라도 몇 개 아니 남은 그릇을 깨뜨린 것이 한없이 미웠으되 까

＊ 회술레 사람을 끌고 다니며 부끄러움을 주는 것.
＊ 고무래 곡식을 그러 모으거나 펴거나 또는 논밭의 흙을 고르거나 아궁이의 재를 긁어 내는
데 쓰는 기구.

무러치기까지 한 며느리를 일어나는 맡에 나무라기는 어려웠음이리라.

"인제 정신을 차렸느냐. 왜 더 누워서 조리를 하지 방정을 떨고 나오니? 어서 방으로 들어가서 누워 있으려무나."

부드러운 목소리를 짓느라고 매우 애를 쓰는 모양이다.

그래도 순이는 비실비실하는 걸음걸이로 부득부득 마당으로 내려온다.

"방에 들어가서 조리를 하래도 그래."

이번에는 어성이 조금 높아진다.

"싫어요, 싫어요, 괜찮아요."

순이는 방에 다시 들어가기가 죽기보다 싫었다.

"또 고분고분 말을 아니 듣고 악지를 부리는군."

하다가 속에서 치받치는 미움을 걷잡지 못하겠다는 듯이 고무래 자루를 거꾸로 들 사이도 없이 시어머니는 며느리에게로 달려들었다.

"요 방정맞은 년 같으니. 어쩌자고 그릇을 다 부수고 아실랑아실랑 나오는 건 뭐냐. 요 얌치없는 년 같으니, 저번 장에 산 사발을 두 개나 산산조각을 만들고……."

하고 푸념을 섞어 가며 고무래 자루로 머리, 등, 다리 할 것 없이 함부로 두들기기 시작한다. 순이는 맞아도 아픈 줄을 몰랐다. 으스러지는 듯이 찌뿌드드한 몸에 툭툭 하고 떨어지는 매가 도리어 괴상한 쾌감을 일으켰다.

"요런 악지 센 년 좀 보아! 어쩌면 맞아도 울지도 않고 요렇게 있담."

하고 또 한참 매질을 하다가 스스로 지친 듯이 고무래를 집어던지며,

"요년 보기 싫다. 어서 부엌에 가서 저녁이나 지어라."

순이는 또 시키는 대로 부엌에 들어가서 밥을 안쳤다.

그럭저럭 하루 해는 저물어 간다. 으슥한 부엌은 벌써 저녁이나 된 듯이 어둑어둑해졌다. 무서운 밤, 지겨운 밤이 다시금 그를 향하여 시커먼 아가리를 벌리려 한다. 해질 때마다 느끼는 공포심이 또다시 그를

엄습하였다. 번번이 해도 번번이 실패하는 밤, 피할 궁리로 하여 그의 좁은 가슴은 쥐어뜯기었다. 그럴 사이에 그 궁리는 나서지 않고 제 신세가 어떻게 불쌍하고 가엾은지 몰랐다. 수백 리 밖에 부모를 두고 시집을 온 일, 온 뒤로 밤마다 날마다 당하는 지긋지긋한 고생, 더구나 오늘 시어머니한테 두들겨맞은 일이 한없이 서럽고 슬퍼서 솟아오르는 눈물을 걷잡을 수 없었다. 주먹으로 씻다가 팔까지 젖었건만 눈물은 그치지 않았다. ……그 때였다. 누가 뒤에서 그의 어깨를 흔들었다. 순이는 무심코 돌아보자마자 간이 오그라붙는 듯하였다. 낮일을 다 하고 돌아왔음이리라. 그의 남편이 몸을 굽혀서 어깨 너머로 그를 들여다보고 있지 않은가. 그 볕에 그을은 험상궂은 얼굴엔 어울리지 않게 부드러운 표정과 불쌍해하는 빛이 역력히 흘렀다. 그러나 솔개에 채인 병아리 모양으로 숨 한 번 옳게 쉬지 못하는 순이는 그런 기색을 알아볼 여유도 없었다.

"왜 울어, 울지 말어, 울지 말어!"
라고 꺽 세인 목을 떨어뜨리며 위로를 하면서 그 솥뚜껑 같은 손으로 우는 순이의 눈을 씻어 주고는 나가 버린다.

남편을 본 뒤로는 더욱 견딜 수 없었다. 가슴을 지질러서 막는 바위, 온몸을 바스러내는 쇠몽둥이, 시방껏 흐르던 눈물도 간 데 없고 다시금 이 지긋지긋한 '밤 피할 궁리'에 어린 머리를 짰다. 아니 밤 탓이 아니다. 온전히 그 '원수의 방' 때문이다. 만일 그 방만 아니면 남편이 또한 눈물을 씻어 주고 나갈 따름이다. 그 방만 아니면 그런 고통을 줄래야 줄 곳이 없을 것이다. 고 원수의 방을 없애 버릴 도리가 없을까? 입때 방을 피하려다가 뜻을 이루지 못한 순이는 인제 그 방을 없애 버릴 궁리를 하게 되었다.

밥이 보그르 하고 넘었다. 순이는 솥뚜껑을 열려고 일어섰을 제 부뚜막에 얹힌 성냥이 그의 눈에 띄었다. 이상한 생각이 번개같이 그의 머리를 스쳐나간다. 그는 성냥을 쥐었다. 성냥 쥔 그의 손은 가늘게 떨렸다. 그러자 사면을 한 번 돌아다볼 겨를도 없이 그 성냥을 품 속에 감추었다. 이만하면 될 일을 왜 여태껏 몰랐던가 하면서 그는 생그레 웃었다.

그 날 밤에 그 집에는 난데없는 불이 건넌방 뒤꼍 추녀로부터 일어났다. 풍세를 얻은 불길이 삽시간에 온 지붕에 번지며 훨훨 타오를 제 그 뒷집 담모서리에서 순이는 근래에 없이 환한 얼굴로 기뻐 못 견디겠다는 듯이 가슴을 두근거리며 모로 뛰고 세로 뛰었다…….

희생화

1

어머님은 우리 남매를 데리고 사직골 막바지에서 쓸쓸한 가정을 이루었었다.

우리 아버지는 내가 세 살 먹던 가을에 돌아가셨다 한다. 어머님께서 때때로 눈물을 머금고, 아버지께서 목사로 계시던 것이며, 그 열렬한 웅변이 죄 많은 사람을 감동시켜 하느님을 믿게 하던 것이며, 자기 몸은 조금도 돌아보지 아니하고 교회 일에 진심갈력*하던 것을 이야기하신다. 나보다 사 년 맏이인 누님은 이 말을 들을 적마다 그 맑고 고운 눈에 눈물이 어리었다. 철모르는 나는 그 이야기보다 어머님과 누님이 우는 것이 슬퍼서 눈물을 흘렸다.

집안은 넉넉지는 아니하나마 많지 않은 식구라 아버지 생전에 장만하여 주신 몇 섬지기나 추수하는 것으로 기한*은 면할 수 있었다.

아버지의 감화인지는 모르나 어머님은 우리 남매를 학교에 다니게 하

---

* 진심갈력(盡心竭力) 마음과 힘을 다함.
* 기한(飢寒) 배고프고 추움.

였다. 벌써 십여 년 전 일이라 누님 공부시키는 데 대하여 별별 비평이 다 많았다.

그러나 어머님은 무슨 까닭에 여자 교육이 필요한 것인 줄은 모르셨 겠지마는 아마 여자도 교육시키는 것이 좋은 줄로 아신 것 같다.

2

누님은 십팔 세의 꽃 같은 처녀로 ○○학교 여자부 4년급에 우등 성 적으로 진급되고, 나도 그 학교 2년급에 진급되던 봄의 일이다.

나의 손을 붉게 하고 내 얼굴을 푸르게 하던 추위는 없어진 지 오래 이다. 햇볕은 따뜻하고 바람끝은 부드럽다.

잔디밭에는 새싹이 돋아나고 개나리와 진달래는 벌써 산야를 붉고 누렇게 수놓았다.

어느덧 버드나무 얽힌 곳에 꾀꼬리는 벗을 찾고 아지랑이 희미한 하 늘에 종달새는 높이 떴다.

우리 집 뜰 앞에 심어 둔 두어 나무 월계화*도 춘군*의 고운 빛을 나 도 받았노라 하는 듯이 난만히 피었었다.

하룻날 떠오르는 선명한 햇빛이 어렴풋이 조으는 듯한 아침 안개에 위황한 금색을 흩을 적에 누님은 가늘게 숨쉬는 춘풍에 머리카락을 날 리며 어리인 듯이 월계화를 바라보고 섰다. 쏘아오는 햇발이 그의 눈을 비추니 고개를 갸웃하며 한 손을 이마에 얹고 눈을 스르르 감더니 아직 도 어슴푸레하게 조으는 월계화 그늘에 몸을 숨기매 이슬 젖은 꽃송이 가 누님의 뺨을 스친다. 손으로 가벼이 화판을 만지며 고개를 숙여 꽃 을 들여다본다…….

---

* **월계화**(月季花) 장미과에 딸린 갈잎 떨기나무.
* **춘군**(春君) 봄이라는 뜻.

　나도 한참 누님과 월계화를 바라보다가 학교에 갈 시간이나 아니 되었나 하고 방에 걸린 시계를 보니 아니나다를까 벌써 시간이 다 되어 간다. 급히 건넌방에 들어가 책보를 싸 가지고 나오며,

　"누님, 어서 학교에 가요. 벌써 시간이 다 되었어요."

　"응, 벌써!"

하고 누님은 내 말에 놀라 돌아서더니 허둥허둥 건넌방에 들어가 책보를 싸더니 또 망연히 앉아 있다.

　"어서 가요."

　나는 조급히 부르짖었다. 누님은 또 한 번 놀라 몸을 일으켰다.

　요사이 누님의 하는 일이 매우 이상하였다. 그 열심으로 하던 공부도

책을 보다가 말고 망연히 자실하여 먼 산만 머얼거니 바라보고 있을 적이 많았다. —— 누님이 잠은 어머님을 뫼시고 큰방에서 자되 공부는 나를 데리고 건넌방에서 하였으므로 누님이 정신 잃고 앉은 것을 여러 번 보았다.

그 날 밤 새로 한 시나 되어 잠을 깨니 갑자기 뒤가 보고 싶었다. 나는 급히 일어나 뒷간에 갔었다. 뒤를 보고 나오니 이미 이지러진 어스름 반달이 중천에 걸려 있다. 나는 달을 쳐다보며 한 걸음 두 걸음 마당 가운데로 나왔다. 뜰 앞 월계화는 희미한 달빛에 어슴푸레하게 비치는데 꽃 사이로 허여스름한 무엇이 보인다. 자세히 보니 누님이 꽃에다 머리를 파묻고 서 있다. 그의 흰 옥양목 겹저고리가 내 눈에 띄임이라,

왜 누님이 저기 저러고 서 있나? 온 세상이 따뜻한 봄의 탄식에 싸이어 고요히 잠든 이 밤중에 무슨 까닭으로 나와 섰나? 나는 어린 가슴을 두근거리며,

"누님, 거기서 무엇 해요?"

내 소리에 깜짝 놀랐는지 몸을 흠칫하더니 아무 대답이 없다. 가만히 가까이 가서 어깨를 가볍게 흔들었다. 숨을 급히 쉬는지 등이 들먹들먹한다. 나오는 울음을 물어 멈추는지 가늘게 떨리는 오열성이 들린다. 나는 바짝 대들어 누님의 얼굴을 보았다.

분결 같은 두 손 사이로 보이는 얼굴은 발그레하였다. 나는 웬일인가 하고 얼굴 가린 두 손을 힘써 떼었다. 두 손은 젖어 있었다. 누님의 두 눈으로 눈물이 흘러내린다.

구슬 같은 눈물이 점점이 월계화에 떨어진다. 월계화는 그 눈물을 머금어 엷은 명주로 가린 듯한 달빛에 어렴풋이 우는 것 같다. 누님의 머리는 불덩이같이 더웠다.

"왜 안 자고 나왔니……."

하며 내 손을 밀치는 그 손은 떠는 듯하였다. 나는 목멘 소리로,

"누님, 왜 우셔요? 네?"

하고 내 눈에도 눈물이 핑 돌았다.

이슬에 젖은 꽃향기는 사랑의 노래와 같이 살근살근 가슴을 여의고 따뜻한 미풍은 연애에 타는 피처럼 부드럽게 뺨을 스쳐 지나간다. 이런 밤에 부드러운 창자에 느낌이 없으랴! 꽃다운 마음에 수심이 없으랴!

철모르는 나는,

"누님, 어서 들어가셔요."

하고 누님의 손목을 이끌었다. 맥이 종작없이 뛰는 것을 감각하였다. 누님은 눈물을 씻으며,

"먼저 들어가거라. 나도 곧 들어갈 것이니……."

하였다.

"대관절 웬일이야요? 어데가 편찮으셔요?"

"아니, 공연히 마음이 뒤숭숭하구나."

하더니 한 손으로 월계화 가지를 부여잡고 이마를 팔에다 대며 흑흑 느끼어 운다.

어스름 달빛은 쓰린 이별에 우는 눈의 시선같이 몽롱하게 월계화 나무 위에 흘러 있다.

3

이틀 후 공일날 누님과 나는 창경원 구경을 갔었다.

창경원 벚꽃이 한창이란 기사가 수일 전부터 신문에 게재되고 일기도 화창하므로 구경꾼이 구름같이 모여들어 넓으나 넓은 어원이 희도록 덮여 있다.

과연 벚꽃은 필 대로 피어 동물원에서 식물원 가는 길 양편에는 만단 홍금*을 펼친 듯하다.

"국주야, 우리는 동물원은 그만두고 저 잔디밭에 앉아 꽃구경이나 실컷 하자."

누님은 찬성을 구하는 듯이 나를 들여다보며 묻는다. 나도 짐승 곁에 가니 야릇한 무슨 냄새가 나던 것을 생각하고,

"그럽시다."

라고 곧 찬성하였다.

우리는 길 옆 잔디밭 은근한 편 소나무 밑에 좌정하였다. 붉은 놀 같은 꽃다리 밑으로 지나가는 흰 옷 입은 유객들은 꽃빛에 비치어 불그스

---

* 만단 홍금(萬段紅錦) 여러 필의 붉은 비단.

름해 보이는 것이 말할 수 없는 춘흥을 자아낸다. 어린 나도 따뜻한 듯한 부드러운 듯한 봄의 기쁨을 깨달아 웃는 낯으로 누님을 돌아보니, 누님은 나직이 한숨을 쉬며 고개를 숙이더니 푸른 풀 사이에 핀 누런 꽃을 하나 꺾어 뺨에다 댄다. 무슨 걱정이나 있는 듯이 눈살을 찌푸렸다. 나는 그 날 밤에 누님이 월계화 사이에서 울던 광경을 가슴에 그리면서 유심히 누님의 행동을 살폈다.

누님이 얼굴에 수색을 띤 것이 퍽 애처로워서 무슨 이야기를 하여 누님의 흥미를 끌까 하고 곰곰 생각하며 이리저리 살폈다.

우연히 식물원 편을 바라보다가 그 곳을 가리키고 누님을 흔들며,

"저기를 좀 보셔요."

하였다. 웬일인지 누님은 깜짝 놀란다. 곤한 잠을 깬 사람에게 흔히 있는 표정으로 내가 가리키는 곳을 바라본다. 거기서 우리 학교 교복을 입은 학생 하나가 이리로 내려온다. 그는 우리 학교 4년급 급장이었다. 누님이 한참 멀거니 바라보다가 두 추파가 마주친 것 같다. 누님은 고개를 숙이었다. 나는 누님의 귀밑이 발그레해진 것을 보았다. 누님이 내 무릎을 꼭 잡으며,

"거기 무엇이 있다고 날더러 보라니."

간신히 귀에 들릴 만큼 말하였다.

"아야, 아이고 아파요. 왜 저이를 모르셔요? 그이가요, 이번에 첫째로 4년급에 진급한 이야요. 공부를 썩 잘하고 또 재주가 비범하대요. 게다가 얼굴이 저렇게 잘났겠지요."

나는 바로 내나 그런 듯이 기뻐하면서 입에 침이 없이 칭찬하였다. 누님은 부끄럽게 웃으며,

"왜 내가 그를 모른다듸, 4년이나 한 학교에 다녔는데……. 그래서 그 사람 보라고 사람을 흔들고 야단을 했니?"

"그러믄요……. 그런데요, 어저께 내가 누님보다 좀 일찍이 나왔지

요? 집에 오니까 어머님 친구 몇 분이 오셨는데, 누님 칭찬이 야단입니다. '어쩌면 인물도 그다지 잘나고, 재주도 그렇게 좋을꼬. 참 복 많이 받았습니다.' 라구요. 나는 그 말을 듣고 춤이라도 출 듯이 기뻐하였어요. 저 사람도 장하지만 누님은 더 장해요."

나는 그 사람을 너무 칭찬하여 행여나 누님이 그에게서 질까 보아서 또 한참 누님을 추어올렸다. 누님은 또 얼굴을 붉히며,

"너는 별소리를 다 하는구나. 누가 네게 칭찬 듣고 싶다듸."

우리가 이런 수작을 하는 틈에 그가 벌써 우리 앞을 지나가며 슬쩍 누님을 보았다. 두 시선은 또 한 번 마주쳤다. 누님의 얼굴은 갑자기 다홍빛을 띠었다. 그가 중인총중에 섞이어 점점 멀어가는 양을 누님이 물끄러미 바라본다. 그는 나가 버렸다. 누님의 눈이 이리로 도는 바람에 그 사람의 뒤꼴을 보는 누님을 도적해 보던 내 눈이 잡히었다.

"너는 남의 얼굴을 왜 빤히 들여다보니?"

하고 누님의 얼굴은 또다시 붉어졌다.

"보기는 누가 보아요."

하고 나는 빙그레 웃었다.

4

그 이튿날 아침에 누님은 좀처럼 바르지 않던 분을 약간 바르며 더럽지도 않은 옷을 벗고 새 옷을 갈아입었다.

"네가 오늘은 웬일이냐?"

하고 어머님이 의아해하신다. 누님이 머뭇머뭇하더니 어린애 모양으로 어머님 가슴에 안기며,

"제가 오늘은 퍽 잘나 보이지요?"

하고 웃는다. 그 웃음과 함께 누님의 얼굴에 홍조가 퍼진다. 과연 오늘

은 누님이 더 어여뻐 보였다. 두 손으로 기운 없이 뒤로 큰 방문을 짚고 비스듬히 문에다 몸을 반만 실려 웃는 양이 말할 수 없이 어여뻤다. 어리인 우유에 분홍물을 들인 듯한 두 뺨은 부풀어 오른 듯하고 장미꽃빛 같은 입술이 방실 벌어지며 보일 듯 말 듯이 흰 이빨이 번쩍거린다. 춘산을 그린 듯한 눈썹은 살짝 위로 치어오른 듯하며 그 밑에서 추수가 맑은 눈이 웃음의 가는 물결을 친다.

어머님이 누님을 보고 웃으시며,

"언제는 못났되?"

"그런데 오늘은요?"

누님이 되질러 묻는다.

"오냐, 오늘은 더 이뻐 보인다."

"어머니, 정말이야요?"

하고 누님은 또 방긋 웃는다. 수색에 싸인 희색이 드러난다.

"오늘은 정말 더 이뻐 보인다. 너의 부친이 보셨던들 작히 기뻐하시 겠니."

하시며 어머님의 눈에는 눈물이 스르르 어리었다. 곱게 빛나던 누님의 얼굴에도 구름이 끼인 것 같다. 그러나 얼마 아니 되어 그 구름이 스러 지고 또다시 기쁨과 희망의 빛이 번쩍거린다.

우시는 어머님을 민망히 바라보던 누님이 지은 듯한 슬픈 어조로,

"어머님, 마음 상하지 마셔요."

하였다.

"애, 시간이 다 되었겠다. 내 걱정일랑 말고 어서 학교에나 가거라."

하고 어머님은 눈물을 삼키셨다.

우리는 책보를 끼고 나섰다.

학교 문턱에 들어서니 종소리가 들린다. 우리는 달음박질하여 들어 갔다. 전교 생도가 다 모였다. 모두 행렬과 번호를 마치자,

"기착,* 경례, 출석원 도합 ○○명."

이라 하는 카랑카랑한 소리가 들렸다. 그는 4년급 급장의 소리다. 이 소리가 끝나자 여자부 편에서도 이와 같은 호령과 보고를 하는 소리가 들렸다. 그는 옥을 바수는 듯한 날카로운 소리였다. 그는 우리 누님의 소리다. 오늘은 웬 셈인지 이 두 소리가 나의 어린 가슴을 뛰게 하였다.

그 다음 토요일 하학한 후에 교우회가 모인다고 4년급 생도들이 학교문을 걸고 파수를 보며 철없는 1,2년급들이 나가는 것을 막아섰다. 우리가 늘 모이는 강당에 들어가니 벌써 이편에는 남학생, 저편에는 여학생이 빽빽이 앉아 있었다. 나도 거기 앉았노라니 무엇이니 무엇이니 하고 한참 야단들이더니 얼마 아니 되어 4년급생이 흰 종이 조각을 돌리며,

"지육부 간사 투표권이오, 한 장에 한 명씩 쓰시오."

하며 외친다. 내 곁에 앉은 녀석이 똑똑한 체로,

"유기명 투표야요, 무기명 투표야요?"

묻는다.

"물론 무기명 투표지요."

아까 외치던 4년급생이 대답한다. 저편에서,

"무기명 투표란 무엇이오?"

하는 녀석이 있다.

"그것도 모르면서 회할 적마다 집에만 가려고 하지! 무기명 투표란 것은 선거자의 이름을 쓰지 않는 것이오."

꾸짖는 듯이 그 4년급생이 말하고 기색이 엄숙하다. 나는 무의식적으로 단박 4년급 급장 이름을 썼다. 필경 남자부에서는 최다점으로 그가 선거되고, 여자부에서는 최다점으로 우리 누님이 선거되었다.

---

* 기착(氣着) '차렷' 에 해당하는 일본말.

그 후부터 누님이 간사회 한다, 지육부 간사회 한다 하고 저녁 먹고 나가면 밤 아홉 점, 열 점이나 되어 돌아오는 일이 번번이 있었다. 그 회에 갈 적마다 안 보던 거울도 보고, 늘어진 머리카락도 쓰다듬어 올리며 옷고름도 고쳐 매었다.

하루 밤은 누님이 지육부 간사회 한다고 저녁 먹고 나가더니 열 점이나 되어도 돌아오지 않는다. 어머님은 별별 염려를 다 하시다가,

"네 누이가 여태껏 돌아오지를 않으니, 회는 벌써 끝났을 것인데 너 좀 가 보아라."

나는 두루마기를 입고 집을 나와 사직골 막바지로부터 광화문통에 가는 길로 타박타박 걸어간다. 달도 없는 5월 그믐밤이었다. 전등도 별로 없고 행인도 희소한 어둠침침한 길을 걸어가려니 무시무시한 생각이 난다. 나는 무서운 생각을 쫓느라고 발을 쾅쾅 구르며 '하나, 둘.' 하고 달음박질하였다. 한참 뛰어가니 숨이 헐떡거리고 진땀이 흐른다. 모자를 벗어 부채질하면서 천천히 걸어간다. 내 앞 멀지 않은 곳에 이리로 향하여 젊은 남녀가 짝을 지어 올라온다. 그는 남학생과 여학생이었다. 그와 누님이었다. 나는 가슴이 설렁하며 일종의 호기심이 일어났다. 살짝 남의 집 담모퉁이에 은신하였다. 둘은 내가 거기 숨어 있는 줄은 모르고 영어로 무어라고 소곤소곤거리며 지나간다. 그 중에 이 말이 제일 똑똑히 들렸다(그 때는 몰랐지만 지금 생각하니 아마 이 말인 것 같다).

"Love is blind(사랑은 맹목적이라지요.)."
라니까 누님은 소리를 죽여 웃으며,

"But, our love has eyes(그런데 우리 사랑은 보는 사랑이지요)."
하였다. 그들이 지나가자 나도 가만가만 뒤를 따랐다. 어두운 속이라 누님의 흰 적삼이 퍽 눈에 뜨인다. 전등 켠 뉘집 대문 앞을 지날 때에 나는 그의 바른손이 누님의 왼손을 꼭 쥔 것을 보았다. 나는 웬일인지 싱긋이 웃었다. 그들이 행여나 나를 돌아볼까 보아서 발자취를 죽이고

남의 담에 몸을 비비대며 꽤 멀리 떨어져 갔었다. 우리 집 가까이 와서 둘이는 걸음을 멈추더니 서로 악수를 하고 또 악수를 하는 것 같았다. 연연히 서로 떠나기를 싫어하는 것 같다. 한참이나 그리하다가 그가 손을 놓고 또 무어라고 수군거리더니 그가 돌아서 온다. 누님은 우리 집 문 앞에 서서 한참이나 그의 가는 양을 바라보고 서 있다. 그는 또 내 곁으로 지나간다. 그의 걸음걸이는 허둥허둥하였다. 그가 지나간 후 나는 달음박질하여 집에 돌아왔다. 대문턱에 들어서니 어머님과 누님의 문답하는 소리가 들린다.

"왜 그처럼 늦었니? 나는 별별 근심을 다 했다."

"오늘은 상의할 일이 좀 많아서……."

누님이 머뭇머뭇한다.

"그애는 어디로 갔나? 같이 오지를 안하니. 오는 길에 못 봤어?"

어머님이 묻는다.

"그애가 어디로 갔을꼬……. 길에서 만났을 것인데."

누님이 걱정한다.

나는 안방 문을 열고 시침을 뚝 떼고,

"누님 인제 왔어요?"

하고 빙그레 웃었다. 어머니는 놀라며,

"너 뺨에 옷에 맨 흙투성이니 웬일이냐?"

하신다.

"담에 붙어 와……아니야요. 저저……."

하고 누님을 보고 빙글빙글 웃었다. 누님의 얼굴은 또 빨개졌다.

5

그 후 더운 날 달밤에 누님은 친구하고 어디를 간다, 어디를 간다 하고 자주자주 나갔었다. 누님은 늘 나를 따돌리고 혼자 나갔으므로 푸른 풀 잦아진 곳과 달빛 고요한 데에서 그와 누님이 만나 꿀 같은 사랑의 속살거림을 몇 번이나 하였는지 나는 모른다.

　누님의 출입이 자주롭고 기색이 수상하였던지 어머님이,

　"인제 네가 어디 나가거든 꼭 네 동생을 데리고 다녀라."

하신 뒤로는 누님이 집에 들면 공연히 짜증을 내며 하염없는 수색*이 적막한 화용*을 휩쌌었다. 그리고 때때로 머리가 아프다 하며 이불을 쓰고 누웠었다.

　하루는 우리가 점심을 마친 후 누님이 날더러,

　"너 나하고 남산 공원 산보 가련?"

하였다. 그 때는 6월 염천이라 더운 기운이 사람을 찌는 듯하였다. 나도 거기 가서 서늘한 공기도 마시고 무성한 초목으로부터 뚝뚝 돋는 취색*에 땀난 몸을 씻으리라 생각하고 곧,

　"네."

하였다.

　우리는 광화문통에서 전차*를 타고 진고개를 거쳐 남산 공원을 올라갔었다. 저편 언덕 위에 그가 기다리기가 지리하다는 듯이 앉았다가 섰다가 하는 것이 보이었다. 누님이 갑자기 돌아서 나를 보며,

　"너 이것 가지고 진고개 가서 과자 좀 사 와! 응."

하며 돈 이십 전을 주었다. 나는 급히 진고개로 나왔다. 얼른 과자를 사가지고 가 본 즉 그와 누님은 그림자도 보이지 않는다.

　"어디로 갔을까?"

＊ **수색**(愁色)　근심을 띤 기색.
＊ **화용**(花容)　꽃처럼 아름다운 여자의 얼굴.
＊ **취색**(翠色)　비취 빛. 짙은 초록색.
＊ **전차**(電車)　전동기를 장치하고 이에 궤도나 또는 공중에 질러 놓은 전선으로부터 전력에 의해서 궤도 위를 달리는 차량.

나는 누님이 무슨 위험한 곳에나 간 것같이 가슴이 팔딱거리었었다. 이리저리 아무리 살펴도 그들은 없다. 나는 이편으로 기웃기웃, 저편으로 기웃기웃하였다. 한참이나 취색이 어린 남산 정상을 쳐다보다가 또다시 걸어갔었다. 한동안 걸어가도 보이지 않는다.

"아이고, 어디로 또 그만 가 버렸어. 이리로는 아마 아니 갔나 보다." 하고 돌아서 오던 길로 도로 온다.

갔던 길로 도로 오려니 퍽 먼 것 같다.

"에이그, 그 동안에 내가 퍽도 걸었네."

속으로 중얼중얼하였다. 골딱지가 나니까 더 더운 것 같다. 대기는 햇불에 와글와글 끓는 것 같다. 나는 이 대기에 잠기어 몸이 삶아지는지 땀이 줄줄 흘러내리고 숨은 헐떡헐떡 차오른다. 모자를 벗으니 머리에서 김이 무럭무럭 난다. 나는 부글부글 고여 오르는 심술을 억지로 참으며 아까 그가 섰던 곳까지 돌아왔다.

"어디로 갔을까? 저리로 가 보자."

혼자말로 투덜거리고 아까 갔던 반대 방면으로 걸어갔었다. 한동안 걸어가도 그들은 또 보이지 않는다. 참고 참았던 짜증이 일시에 폭발이 되었다. 잔디밭에 털썩 주저앉아 엉엉 울었다. 풀들을 쥐어뜯으며 한참 울다가 하도 내가 어린애 같은 것이 부끄럽고 우스웠다. 그렁그렁한 눈물을 씻고 히히 한번 웃은 뒤 이리저리 또 살펴보기 시작하였다.

저편 좀처럼 사람 눈에 뜨이지 않는 소나무 그늘 밑에 그들이 나란히 앉아 있는 것을 보았다. 나는 잃었던 보배를 발견한 듯이 기뻐하였다.

"누님 거기 계셔요?"

고함을 지르고 뛰어가려다가 에라, 무슨 이야기를 하는지 좀 엿들으리라 하고 어느 밤에 그들의 뒤를 따라가던 모양으로 가만가만 걸어 가까이 갔었다. 한낮이므로 유객 하나 없고 바람 한 점 불지 않는다. 더운 공기는 기름 언 것같이 조금도 파동이 없다. 남이 들을까 보아서 가만

가만히 하는 이야기도 낱낱이 내 귀에 들렸다.

"물론 그렇게 해야지요. 그런데 요사이는 어째 볼 수가 없어요?"

그가 말하였다.

"어머님께서 어디 나가게 하셔야지요. 나가거든 꼭 네 동생을 데리고 다녀라 하시겠지요. 그래서 오늘도 같이 왔지요."

그리고 누님이 웃으며 말을 이어,

"딴 이야기 하느라고 잊었구려. 기다리신다고 오죽 지리하셨겠어요."

"한 시간이나 넘어 기다렸어요. 오늘도 아마 못 오시는가 보다 하고 그만 가 버릴까까지 하였어요."

"네? 가 버릴까 하였어요? 제가 언제 약속 어긴 일이 있어요. 저는 어찌 급했던지 점심을 먹는데 밥이 입으로 들어가는지 코로 들어가는지 몰랐어요."

둘이 웃는다. 나도 웃었다. 나는 드디어 어린애가 꽃에 앉은 나비를 잡으러 갈 때에 가는 걸음걸이로 한 걸음 두 걸음 가까이 갔었다. 사랑하는 이들은 달디단 이야기에 얼이 빠져 사람 오는 줄도 모른다. 그들 앉은 소나무 뒤에 살짝 붙어섰다. 두 어깨가 닿아 있고 누님의 풀린 머리카락이 그의 뺨을 스친다. 그와 누님의 눈과 입에는 정이 찬 웃음이 넘친다. 그러다가 두 손길을 마주 잡고 실심한 사람 모양으로 서로 들여다본다. 누님의 몸으로부터 발산하는 따뜻하고 향기로운 기운에 나도 싸인 것 같았다. 나는 와락 달려들며,

"누님, 여기 계셔요. 나는 어디 가셨다고……. 아이, 사람 애도 퍽도 먹이시지!"

둘은 깜짝 놀랐다. 누님의 모시 적삼이 달싹달싹하는 것을 보고 누님의 가슴이 팔딱거리는구나 하였다. 그는 시치미를 뚝 떼려 하였으나 '부끄럼'이란 원소가 얼굴에 퍼뜨리는 붉은 빛을 감출 길이 없었다.

"에그, 나는 누구라구. 퍽도 놀랐다."

누님은 두근거리는 가슴을 한 손으로 어루만지며 말하였다. 누님이 그를 향하며,

"이 애가 제 동생이야요. 아직 철이 안 나서……. 많이 사랑해 주셔요."

한 뒤 나를 보고 그를 눈으로 가리키며,

"너 이이보고 이훌랑은 형님이라 하여라."

"어째서 형님이라 해요?"

내가 애를 먹이었다. 누님의 얼굴은 새빨개지며 나를 흘겨본다.

"왜, 누님 성나셨소? 그러면 형님이라 하지요."

하고 어리광을 부리며,

"형님, 누님, 과자 잡수셔요."

하고 쥐었던 과자를 앞에 내놓았다. 누님이 나를 보고 방그레 웃으며,

"우리는 먹기 싫으니 너 혼자 저 쪽에 가서 먹고 있거라. 우리 갈 때 부를 것이니……."

나도 길게 방해 놀기가 싫었다. 과자를 쥐고 나와 풀밭에 앉아 먹으며 혼자말로,

"내 뱃속에 영감쟁이가 열둘이나 들어앉았는데 어린애로만 여기지……."

하고 웃었다.

그 긴긴 해가 벌써 서산에 걸렸다. 낙조에 비치는 녹수와 방초는 불이 붙은 것같이 붉어 보인다.

나도 이 동안에 퍽도 심심하였다. 풀을 자리삼아 눕기도 하고 기지개도 켜고 몸을 비틀기도 하며 곡조도 모르는 창가를 함부로 부르기도 하였다. 이제나 올까 저제나 부를까 고대고대하여도 그들의 그림자는 얼른도 아니한다. 무슨 이야기가 그렇게 많은고. 아마 사랑하는 사람끼리

의 이야기는 끝이 없는가 보다. 벌써 이야기한 것이 수만 마디가 넘건마는 말 몇 마디 못 하여 해는 어이 쉬이 가나, 하는 것이다.

남산 밑 풀과 나무에 빛나던 붉은 빛은 점점 걷히고 모색이 가물가물 쳐들어온다. 햇빛은 쫓기어 남산 정상을 향하여 자꾸 기어올라가더니 남산 맨 꼭대기에 움츠리고 앉았을 뿐이다.

검푸른 저문 빛이 남산 밑을 에워싸자 정상에 비치는 햇빛조차 스러지고 저편 하늘에 붉은 놀이 흰 구름을 붉고 누렇게 물들인다.

나는 참다 못하여 몸을 일으켜 그 곳으로 갔다. 어두운 빛에 놀랐는지 그들도 일어섰다. 나는 걸음을 멈추고 나무로 깎아 세워 놓은 사람 모양으로 주춤 섰다. 누님의 걱정스러운 떨리는 소리가 나의 귀막을 울림이라.

"K씨! 우리가 목전의 즐거움만 다행히 여겨 그냥 이리 지내다가는 우리의 꿈 같은 행복이 끝에는 소태 같은 고통으로 변할 것 같아요. 우리 각각 꼭 아까 말한 것과 같아야 됩니다."

"아무렴요! 꼭 그리 해야 될 터인데……. 아까도 말했지만 우리 집은 워낙 완고라……."

그의 말은 떨리었다.

나는 가슴이 선뜩하였다. 무슨 말을 하였나? 무슨 일을 하려는가? 엿듣지 못한 것이 한이 되었다. 둘은 이리로 걸어온다. 누님의 눈은 약간 발그레하였다. 그 고운 뺨에 눈물 흔적이 보이었다. 나는 또 웬일인가 하고 가슴이 선뜩하였다.

6

그 날 밤에 나의 어린 소견에도 별별 생각을 다 하고 씩씩이 잠도 잘 자지 못하였다. 내가 어렴풋이 잠을 깰 적마다 큰방에서 어머니와 누님

이 무어라고 이야기하는 소리가 간단없이 들리었다.

　새로 한 점이나 되어 내가 또 잠을 깨니 큰방에서 훌쩍훌쩍 우는 소리가 들린다. 울음 섞인 어머니의 말소리가 난다.

　"그래, 네가 요사이 늘 탈기를 하고 행동이 수상하더라……. 나는 허락한다 하더라도 만일 그 집에서 안 된다면 네 신세가 어떻게 되니……. 네가 다만 하나 있는 어미 몰래 그 사람과 약혼한 것이 괘씸하다. 아비 없이 너를 금옥같이 길러 내어 이런 일이 날 줄이야! 남편 없다고 너까지 나를 업수이 여기는 게지……."

　누님은 흑흑 느끼며,

"어머님, 잘못하였습니다. 무어라고 말씀을 여쭈어야 좋을지……. 친하기도 전에 말씀 여쭙기도 부끄러운 일이고……. 친한 뒤에는 몇 번이나 말씀 여쭈려 하였지만 입이 잘 떨어지지를 않았어요……. 들어 주셔요. 암만 어머님이라도 그 때는 부끄러웠어요. 이젠 서로 약혼까지 해 놓으니 몸과 마음이 달아 부끄러움도 돌아볼 수 없게 되었어요. 그래서 뻔뻔스럽게 여쭌 것이야. 어머님 말씀같이 그가 저를 잊을 리는 없어요. 버릴 리는 없어요. 그다지 다정한 그가 그럴 리가 없다고요. 어제 공원에서 단단히 맹세하였습니다. 각각 부모님께 여쭈어 들으시면 이 위에 더 좋은 일이 없거니와 만일 그렇지 않거든 멀리멀리 달아나겠다구요. 배가 고프고 옷이 차더라도 부모님도 못 보고 형제도 못 보더라도 둘이 같이만 있으면 행복이라구요. 온갖 곤란과 갖은 고통을 달게 받겠다구요. 정말 그래요. 저도 그 없으면 미칠 것 같아요. 어머님이 허락을 아니 하신다 할 것 같으면 저는 이 세상에 살아 있을 것 같잖아요."

밀어오는 물을 막았던 방축을 무너 버릴 때에 물밀듯이 누님이 말하였다. 흔히 순결한 처녀가 사랑의 불을 가슴 속에 깊이깊이 숨겨 두고 행여나 남이 알까 보아서 전전긍긍하며 홀로 간장을 태우다가도 한번 자기 친한 이에게 발설하기 시작하면 맹렬히 소회를 베푸는 것이라.

나는 가슴을 울렁거리며 안방에 건너왔다.

누님은 어머님 무릎에 머리를 파묻고 울며, 어머님은 누님의 등에다 이마를 대고 운다. 나도 한참 초연히 섰다가 어머님 곁에 앉았다. 어머님을 흔들며 목멘 소리로,

"어머님, 울지 마셔요."

이 말을 마치자 가슴이 찌르르해지며 흐르는 눈물을 금할 길이 없었다. 어머님은 눈물을 삼키고 누님을 흔들며,

"이 애, 이 애, 그만 그쳐라."

누님은 더 섧게 운다.

"이 애, 남부끄럽다. 그만두어라. 오냐, 네 원대로 하마. 그도 한 번 데리고 오너라."

어머님은 그만 동곳을 빼었다.* '여자가 수약이나 위모즉강* 이란 말은 어찌 생각하고 한 소리인고?

이틀 후, 누님이 그를 데리고 왔다. 그의 곱상스러운 얼굴과 얌전한 거동이 어머님의 사랑을 이끌었다. 참 내 딸의 짝이라 하였다. 애녀의 평생이 유탁하다 하였다. 단꿈이 꾸이리라 하였다. 기쁜 날이 오리라 하였다. 더구나 맑은 눈과 까만 눈썹이 내 딸과 흡사하다 하였다. 누님과 그가 영어로 말하는 양을 보고 뜻도 모르면서 웃으셨다. 재미스러운 딸의 장래 가정을 꿈꾸고 사랑스러운 외손자를 꿈꾸었다.

그 후부터는 남의 이목을 피해 가며 몇 번이나 서로 맞추어서 길게 기다려 가지고 살짝이 만나던 애인들은 자유로이 우리 집에서 만나 웃고 즐기게 되었다.

7

어떤 날 저녁에 그가 우리 집에 왔다. 그 때 마침 어머님은 어디 가시고 나와 누님과 단둘이 있었다.

나는 와락 내달으며,

"형님 오셔요?"

라고 반갑게 인사하였다. 누님도 반가이 맞으며,

"요사이는 왜 오시지 안하셔요?"

---

* 동곳을 빼다 자기의 잘못을 인정하고 굴복함을 뜻함.
* 여자가 수약이나 위모즉강이라(女子— 雖弱— 爲母則强—) 여자는 비록 약하지만 어머니가 되면 강해진다는 뜻.

“아니, 내가 언제 왔는데.”

하고 그는 지어서 웃는다.

　누님은 눈을 스르르 감으며 무엇을 생각하는 듯하더니,

　“오늘이 칠월 초열흘이고 초칠일이 공일이라……, 공일날 오시고 오늘 처음이지요?”

　“그래요. 한 사흘밖에 더 되었어요?”

　“사흘! 저는 한 삼 년이나 된 듯하였어요. 사흘 만에 한 번씩 만나? 멀어요! 퍽 멀구말구요. 사흘이 그다지 가까운 것 같습니까?”

하고 누님은 무엇을 찾는 듯이 그를 바라본다.

　“사흘 만에 한 번씩 와도 장하지요.”

하고 그는 또 웃는다.

　“장해요! 사흘 동안에 제가 몇 번이나 문 밖을 내다보는지 아셔요? 저는 온갖 걱정을 다 했지요. 몸이 편찮으신가, 꾸중이나 뫼셨는가…….”

하고 목소리는 전성*을 띠어 가며 눈에는 눈물이 괴어진다.

　“저는 우리 일에 대하여 무슨 큰 걱정이나 생겼나 하고 얼마나 애간장을 태웠는지요!”

하고는 눈물이 그렁그렁 넘쳐 흐른다.

　“아니야요. 여하간 죄 없이 잘못하였습니다.”

　그는 눈살을 찌푸리고 선웃음을 치며,

　“어린애 모양으로 걸핏하면 울기는 왜 울어요. 저 동생 부끄럽지 않아요. (갑자기 어조를 야릇하게 변하며) 그런데 내가 어지도 올라카고, 아레도 올라켓지마는 올라칼 때마다 동무가 찾아와서 올 수가 있어야지.”

---

* 전성(顫聲) 떨리는 목소리.

울던 누님이 웃음을 띠었다. 나도 웃었다.

그는 대구 사람이다. 그의 부모는 아직도 대구에서 산다. 서울 있는 오촌 당숙 집에 유숙하고 있다. 그는 서울 온 지가 벌써 오륙 년이 지났으므로 사투리는 거의 안 쓰게 되었으나 때때로 우리를 웃기려고 야릇한 말을 하였다.

"올라카고, 갈라카고."

흉내를 내며 나는 방바닥에 뚤뚤 굴러 가며 웃었다. 그는 시치미를 뚝 떼고,

"남 이야기하는데 웃기는 와 웃소. 가 참 얄궂다."

하였다. 누님은 어떻게 웃었는지 얼굴이 붉어지고 배를 움켜쥐고 숨찬 소리로,

"그만두셔요. 그만 웃기셔요."

한참 동안 우리는 이렇게 웃고 즐기다가 나를 누님이 또 무슨 심부름을 시켰다. —— 무슨 심부름이던가 생각이 아니 난다. 그가 오기만 하면 누님이 무엇 좀 사오너라, 어디 좀 갔다오너라 하고 늘 나를 따돌렸다.

"에그, 누님도 왜 나를 늘 따돌려."

투덜투덜하면서 집을 나왔다. 반달은 비스듬히 푸른 하늘에 걸려 있다. 만경 창파에 외로이 떠나가는 일엽 편주와 같았다.

나 없는 동안에 그들이 무슨 이야기를 하는지 듣고 싶어서 급히 오느라고 오는 것이 한 시간이나 넘어 걸렸다. 나는 벌써 엿듣기에 익숙하여 사뿐 중문에 들어서며 가만히 살펴보니 애인들은 달 비치는 월계화 나무 밑에 평상을 내어 놓고 나란히 앉아서 무어라고 소곤거린다. 나는 숨소리도 크게 아니 쉬고 귀를 기울였다.

"그러면 어째요? 어머님께서는 좀처럼 올라오시지 않을 것이고…….
왜 그러면 상서로 이 사정을 못 아뢸 것이야 있어요?"

누님의 애타는 소리가 들린다.

"글쎄요, 몇 번이나 상서를 썼지만……, 부치지를 못하겠어요."

"만일 차일 피일하다가 딴 데 혼인을 정해 놓으시면 어째요?"

"정해 놓아도 안 가면 그만이지요."

"그러면 어렵지 않아요?"

"그런데 오촌 당숙 내외분은 아마 이 눈치를 아시는 것 같아요……. 네? 아마 그런 것 같아요. 그래서 집에 무슨 통기가 있었는지 할아버지께서 일간 올라오신대요."

"올라오시면 죄다 여쭙겠단 말씀이구려."

"글쎄요. 그런데……, 우리 할아버지는 참 호랑이 같은 어른이라……, 완고 완고 참 완고신데……, 나도 어찌할 줄을 모르겠어요. 그래서 밤에 잠이 잘 오지 않아요."

하고 머리를 긁적긁적하고 눈살을 찡그리더니 또 말을 이어,

"오늘 또 아버지께서 하서하셨는데 이번 울산 김 승지 집에서 너를 선보러 간다니 행동을 단정히 하여라 하는 뜻입니다. 참 기막힐 일이야요."

하고 한숨을 내쉰다.

"부모님께 하루바삐 이 사정을 여쭙지 않으면 큰일나겠습니다그려."

누님의 안타까운 소리가 들린다.

"여하한 꾸중을 모시더라도 장가를 못 가겠다 할 터이야요. 조금도 걱정 마셔요."

그는 결심한 듯이 고개를 들며 단연히 말하였다.

밝은 달은 애타는 양인의 가슴을 나는 몰라라 하는 듯이 이리저리로 미끌어져 가며 더운 공기에 맑은 빛을 흩날린다.

월계화는 더욱 붉고 더욱 곱다. 진세의 우수고뇌를 나는 잊었노라 하는 것 같았다.

그 이튿날 일어난 누님의 얼굴은 해쓱하였다. 머리카락이 흩어질 대로 흩어진 것을 보아도 작야에 잠을 못 이루어 몇 번이나 베개를 고쳐 벤 것을 가히 알 터다. 누님이 사랑의 맛이 쓰고 떫은 것을 처음으로 맛보았도다! 행복의 해당화를 꺾으려면 가시가 손 찌르는 줄 비로소 알았도다.

하루가 가고 이틀이 가고 어느덧 일 주일이 지내었건만 누님이 오늘이나 와서 호음을 전해 줄까, 내일이나 와서 희식*을 알려 줄까 고대고대하는 그는 코끝도 보이지 않는다(내가 학교에를 가도 그를 볼 수 없었고, 누님도 이 때부터 심사가 산란하여 학교에 못 갔었다.).

이 동안에 누님은 어찌 애를 태웠던지 양협*에 고운 빛이 사라져 가고 눈언저리는 푸른 기를 띠고 들어갔다. 입술은 까뭇까뭇 타들어가고 두 팔은 맥없이 늘어졌다.

일 주일 되던 날 누님은 생각다 못하여 편지 한 장을 주며,

"너 이 편지 가지고 그 댁에서 그가 있거든 전하고, 못 보거든 도로 가지고 오너라."

하였다.

전일에 그를 따라 한 번 그 집에 갔던 일이 있으므로 그 집을 자세히 알아 두었다. 그 집 대문에 들어서니 행랑 사람도 없고 그가 있던 사랑 문도 닫혀 있다.

안에서 기운찬 노인의 성난 말소리가 나의 귀를 울린다.

"이놈, 아직 학생이니 장가를 못 가겠다? 핑계야 좋지, 이놈 괘씸한 놈. 들으니 네가 어떤 여학생을 얻어 가지고 미쳐 날뛴다는구나! 아

---

* 희식(喜息) 기쁜 소식.
* 양협(兩頰) 두 뺨.

니야요란 다 무엇이야. 부모가 들이는 장가는 학생이라 못 가겠고, 학생 신분으로 계집은 해도 관계찮으냐. 이놈, 고약한 놈! 네 원대로 그 학교나 마치고 장가들일 것이로되 벌써 어린놈이 못 견뎌서 여학생을 얻으니 무엇을 얻으니 하니 그냥 두다간 네 신세를 망치고 가문을 더럽힐 터이야! 그래서 하루바삐 정혼하고 혼수까지 보내었는데 지금 와서 가느니 마느니 하면 어찌하잔 말이냐. 암만 어린놈의 소견이기로……. 그 집은 울산 일판에 유명한 집안이라 재산도 있고, 양반으로 가문도 좋고……, 다 된 혼인을 이편에서 퇴혼하면 그 신부는 생과부로 늙으란 말이냐. 일부함원에 오월비상*이란 말도 못 들었어! 죽어도 못 가겠다, 허허, 이놈 박살할 놈! 조부모도 끊고 부모도 끊고 일가 친척도 끊으려거든 네 마음대로 좀 해 보아라."

나는 이 말을 들으니 소름이 쭉 끼쳤다. 한편으로는 분하기 짝이 없었다. 깨끗한 누님이 이다지 모욕을 당한 것이 절절이 분하였다. 곧 들어가 분풀이나 할 듯이 작은 눈을 홉뜨고 고사리 같은 손을 불끈 쥐었다.

"허허, 이놈, 괘씸한 놈! 에이 화나. 거기 내 두루막 내."
하는 그 노인의 우렁찬 소리가 또 들린다. 나는 간담이 서늘하였다. 그 노인이 신을 찍찍 끌고 이리로 나오는 것 같다. 나는 무서운 증이 나서 급히 달음박질하여 그 집을 나왔다.

9

그 날 밤 어머님 잠드신 후 누님이 살짝 내게로 건너와서,
"이 애, 너 본 대로 좀 이야기하여 다고, 응?"

---

* 일부함원에 오월비상이라(一婦含怨─ 五月飛霜─) 여인이 원한을 품으면 5월에도 서리가 내리게 된다는 뜻.

이 말을 하는 누님의 얼굴은 고뇌와 수괴*의 빛이 보인다. 어린 동생에게 애인의 말을 물어도 부끄러워하였다. 나는 입을 다물고 묵묵히 앉았었다. 차마 그 이야기를 할 수가 없었다.

"왜 심술이 났니? 어서 이야기를 좀 하려무나. 편지를 도로 가지고 온 것을 보니 형님을 못 만났니? 만나도 못 전했니? 혹은 무슨 일이 났더냐? 남의 속 고만 태우고 어서 좀 이야기하여 다고. 가련한 네 누이의 청이 아니냐."

이 말소리는 애완처량하였다. 나의 어린 가슴이 찌르는 듯하며 눈물이 넘쳐 나온다. 이다지 나에게 정답게 구는 누님이 가슴에 그리던 꿀 같은 장래가 물거품으로 돌아가고 만 것이 슬펐음이라. 그리고 순결한 우리 누님이 그 노인에게 '어떻다.'든가, '계집을 했다.'든가 하는 더러운 소리를 들은 것이 이가 떨리었다.

나는 비분한 어조로 그 집에서 들은 것을 이야기하였다. 정신 없이 듣고 있던 누님은 내 말이 끝나자 기운 없이 쓰러지며 이 이야기를 들을 적부터 괴었던 눈물이 불덩이 같은 뺨을 쉴새없이 줄줄 흘러내린다.

"누님, 누님."

하고 나도 누님의 가슴에 안기며 울었다.

이럴 즈음에 누가 대문을 가볍게 흔들며 떨리는 소리로,

"S씨, S씨, 주무셔요?"

한다. 누님은 이 소리를 듣고 얼른 일어났다. 애인의 음성은 이럴 때라도 잘 들리는 것이다. 나올 듯 나올 듯하는 울음을 입술로 꼭 다물어 막으며 급히 나갔다.

대문 소리가 나더니,

"K씨! 오셔요."

---

* 수괴(羞愧) 부끄러움.

하며 우는 소리가 들린다. 나도 나갔다. 둘은 서로 붙들고 눈물비가 요 란히 떨어진다. 누님이 울음 반 말 반으로,

"저는 또다시…… 못…… 뵈올 줄…… 알았지요."

그도 흑흑 느끼며,

"다 내 잘못이야요."

하였다.

"저 까닭에 오늘 매우 꾸중을 뫼셨지요?"

"어떻게 알았어요?"

누님이 내가 편지를 가지고 그 집에 갔다가 내가 들은 이야기를 하였 다. 그리고 우는 소리로,

"좀 들어가셔요."

하였다.

"아니야요, 명일은 할아버지께서 꼭 데리고 가실 모양이야요. 지금 곧 멀리 달아나려고 합니다. 그래서 이런 말이나 몇 마디 할 양으로 왔어요."

누님은 자기의 귀를 의심하는 듯이,

"네? 멀리멀리 가셔요? 부모를 버리시고, 형제도 버리시고 멀리 가 셔요? 제 신세는 벌써 불쌍하게 되었습니다. 불쌍한 저 때문에 전정 이 구만 리 같은 당신을 또 불행하게 만들 것이야 무엇 있습니까? 절 랑 영영 잊으시고 부모님 말씀대로 장가드셔요. 장가드시는 이하고 나 백 년이 다 진토록 정다운 짝이 되어 주셔요. 아들 낳고 딸 낳 고……. 저의 모든 것을 바쳐도 당신이 행복되신다면 그만이야요! 곧 당신의 기쁨이 제 기쁨이 아니야요? 당신의 행복이 제 행복이 아니 야요? 한숨 쉬고 눈물 흘리면서도 당신의 행복의 그늘에서 웃어 볼 까 합니다."

열정 찬 눈으로부터 하염없이 흘러내리는 눈물에 적막한 화용이 아

룽진다.

"아아, S씨를 내 손으로 불행하게 만들고 나 혼자 행복을……. 사랑을 떠나 행복이 있을까요? 나에게 행복을 줄 S씨가 눈물 바다에 허우적거릴 때 나 혼자 행복의 정상에서 내려다보며 웃을 수가 있을까요? 없어요! S씨 없고는 나 혼자 행복을 누릴 수가 없어요!"

"제 불행은 제 손으로 만든 것입니다. 그러나 우리가 오늘날 이렇게 된 것이 당신의 잘못도 아니고, 저의 잘못도 아니야요. 그 묵고 썩은 관습이 우리를 이렇게 만든 것입니다! 그러하지만 저 때문에 당신의 마음을 수란하게 만든 것 같아서 어떻게 가엾고 애달픈지 몰라요. 그런데 이 위에 더 당신을 영영 불행하게 하겠어요? 당신이 행복되신다면 저는 오늘 죽어도 아깝잖아요."

"안 될 말씀입니다. 그런 말씀을 들을수록……. 기가 막혀요! 해야 늘 그 말이니까, 길게 말할 것 없이 나는 가겠어요. S씨! 부디 안녕히……."

그는 흐르는 눈물을 씻으며 결심한 듯이 돌아서 가려 한다.

"K씨!"

안타까운 떠는 소리로 부르더니 북받쳐 나오는 울음이 말을 막는다. 그는 또 한 번 돌아다보고,

"S씨! 부디 안녕히……."

말을 마치자 그는 떨어지지 않는 발길을 돌려 마음은 이리로, 몸은 저리로 멀어 간다…….

나는 심장을 누가 칼로 싹싹 에는 것 같았다.

10

그 후 그는 어디로 갔는지 영영 소식을 들을 수가 없고 누님은 시름

시름 병들기 시작하여 날이 가고 달이 갈수록 병은 점점 깊어 온다.

이슬 젖은 연화같이 불그스름하던 얼굴이 청색 창경에 비치는 이화처럼 해쓱하였다. 익어 가는 능금같이 혈색 좋던 살이 서리맞은 황엽처럼 배배 말라 간다. 거슴츠레한 눈은 흰 눈물에 붉어졌다.

그러다가 차마 볼 수 없이 바싹 말라 버렸다. 마치 백골을 엷은 백지로 덮어 두고 물을 흠씬 품어 놓은 것같이 되고 말았다. 마침내 한강 얼음 얼고 남산에 눈 쌓일 제 누님은 그에게 한숨을 주고 눈물을 주던 이 세상을 떠나 버렸다.

아아 사랑아, 사랑의 불아! 네가 부드럽고 따뜻함으로 철없는 청춘들은 그의 연하고 부드러운 심장에 너를 보배로만 여겨 간직한다. 잔인한 너는 그만 그 심장에다 불을 붙인다. 돌기둥 같은 불길이 종작없이 오른다. 옥기*조차 타 버리고 홍안도 타 버리고 금심*도 타 버리고 수장도 타 버린다! 방 안에 켰던 촛불 홀연히 꺼지거늘 웬일인가 살펴보니 초가 벌써 다 탔더라! 양협이 젖던 눈물 갑자기 마르거늘 무슨 연유 묻잤더니 숨이 벌써 끊쳤더라!

---

* 옥기(玉肌) 옥처럼 고운 살갗.
* 금심(錦心) 비단결같이 고운 마음.

신윤복의 〈연당의 여인〉

피아노

궐은 가정의 단란에 흠씬 심신을 잠그게 되었다. 보기만 하여도 지긋지긋한 형식상의 아내가 궐이 일본 ×××대학을 졸업하자마자 불의에 죽고 말았다.

궐은 중등 교육을 마친 어여쁜 처녀와 신식 결혼을 하였다. 새 아내는 비스듬히 가른 머리와 가벼이 옮기는 구두 신은 발만으로도 궐에게 만족을 주고 남았다. 게다가 그 날씬날씬한 허리와 언제든지 생글생글 웃는 듯한 눈매를 바라볼 때에 궐은 더할 수 없는 행복을 느꼈다. 살아서 산 보람이 있었다.

부모의 덕택으로 궐은 날 때부터 수만 원 재산의 소유자였다. 수년 전 부친이 별세하시매 무서운 친권의 압박과 구속을 벗어난 궐은 인제 맏형으로부터 제 모가치를 타게도 되었다. 새 아내의 따뜻한 사랑을 알뜰살뜰히 향락하기 위함에 번루* 많고 방해 많은 고향 ××부를 떠난

---

* 번루(煩累) 번거로운 근심이나 괴로움.

궐은 바람 끝에 꽃 날리는 늦은 봄에 서울에서 신살림을 차리기로 하였다. 우선 한 스무남은 칸 되는 집을 장만한 그들은 다년의 동경대로, 포부대로 이상적 가정을 꾸미기에 노력하였다. —— 마루는 한복판에 도화심목* 테이블을 놓고, 그 주위를 소파로 둘러 응접실로 만들었다. 그리고 안방은 침실, 건넌방은 서재, 뜰 아랫방은 식당으로 정하였다. 놋그릇은 위생에 해롭다 하여 사기그릇, 유리그릇만 사용하기로 하고, 세간도 조선의걸이 삼층장 같은 것은 거창스럽다 하여 전부 폐지하였다. 누구든지 그 집에 들어서면 첫눈에 띄는 것은 마루 정면 바람벽 한가운데 놓인 체경 박힌 양복장과 그 양편 화류목으로 만든 소쇄*한 탁자에 아기자기하게 얹힌 사기그릇, 유리그릇이리라.

식구라야 단 둘뿐인데 찬비와 침모를 두고 보니 지어미의 할 일도 없었다. 지아비로 말하여도 먹을 것이 넉넉한 다음에야 인재를 몰라 주는 이 사회에 승두미리*를 다툴 필요도 없었다. 독서, 정담, 화투, 키스, 포옹이 그들의 일과였다.

이 외에 그들의 일과가 있다고 하면, 이상적 가정에 필요한 물품을 사들이는 것이리라. 이상적 아내는 놀랄 만한 예리한 관찰과 치밀한 주의로써 이상적 가정에 있어야만 할 물건을 찾아 내었다. 트럼프, 손톱 깎는 집게 같은 것도 그 중요한 발견의 하나였다.

하루는 아내는 그야말로 이상적 가정에 없지 못할 무엇을 깨달았다. 그것은 내가 어째 입때 그것 생각이 아니 났는고, 하고 스스로 놀랄 만한 무엇이었다.

홀로 제 사색의 주도한 데 연거푸 만족의 미소를 띠우며, 마침 어데 출입하고 없는 남편의 돌아옴을 기다리기에 제삼자로서는 상상도 할

---

* **도화심목**(桃花心木) 마호가니. 열대식물로 목재는 적갈색이며 고급 가구재로 쓰임.
* **소쇄**(瀟灑) 깨끗하고 시원함.
* **승두미리**(蠅頭微利) 파리 대가리처럼 작은 이익. 하찮은 이익.

수 없이 지리하였다.

　남편이 돌아오자마자 아내는 무슨 긴급한 일을 말하려는 사람 모양으로 회오리바람같이 달겨들었다.

　"나 오늘 또 하나 생각했어요."

　"무엇을?"

　"그야말로 이상적 가정에 없지 못할 물건이야요."

　남편은 빙그레 웃으며,

　"또 무엇을 가지고 그러우."

　"알아맞춰 보셔요."

　아내의 눈에는 자랑의 빛이 역력하였다.

　"무엇일까……."

　남편은 먼 산을 보기도 하고 이리저리 세간을 둘러도 보며 진국으로 이윽히 생각하더니 면목 없는 듯이,

　"생각이 아니 나는걸……."

하고 무안한 안색으로 또 한 번 웃었다.

　"그것을 못 알아맞추셔요?"

　아내는 배앝듯이 한 마디를 던졌다. 한동안 남편의 얼굴을 생글생글 웃는 눈으로 물끄러미 바라보고 있다가 무슨 중대한 사건을 밀고하려는 사람 모양으로 입술을 남편의 귀에다 대고 소곤거렸다.

　"피아노."

　"오옳지! 피아노."

　남편은 대몽이 방성*하였다는 듯이 소리를 버럭 질렀다. 피아노가 얼마나 그들에게 행복을 줄 것은 상상만 하여도 즐거웠다. 멍하게 뜬 남편의 눈에는 벌써 피아노 건반 위로 북같이 쏘대이는 아내의 뽀얀 손

───────────────

❘ * 방성(方醒)　술이나 잠에서 금방 깨어남.

이 어른어른하였다.

그 후 두 시간이 못 되어 훌륭한 피아노 한 대가 그 집 마루에 여왕과 같이 임어하였다. 지어미 지아비는 이 화려한 악기를 바라보며 기쁨이 철철 넘치는 눈웃음을 교환하였다.

"마루에 무슨 서기가 뻗친 듯한걸요."

"참 그래, 온 집안이 갑자기 환한 듯한걸요."

"그것 보시오, 내 생각이 어떤가."

"과연 주도한걸. 그야말로 이상적 아내 노릇할 자격이 있는걸."

"하하하……."

말끝은 웃음으로 마쳤다.

"그런데 한번 쳐 볼 것 아니오. 이상적 아내의 음악에 대한 솜씨를 좀 봅시다그려."

하고 사나이는 행복에 빛나는 얼굴을 아내에게로 향하였다. 계집의 번쩍이던 얼굴은 갑자기 흐려지고 말았다. 궐녀의 상판은 피로 물들인 것 같이 새빨개졌다. 궐녀는 억지로 그런 기색을 감추려고 애를 쓰며 기어들어가는 소리로,

"먼저 한번 쳐 보셔요."

이번에는 사나이가 서먹서먹하였다. 답답한 침묵이 한동안 납덩이같이 그들을 누르고 있었다.

"그러지 말고 한번 쳐 보구려, 그렇게 부끄러워할 거야 무엇 있소."

이윽고 남편은 달래는 듯이 말을 하였다. 그러나 그 소리는 자리가 잡히지 않았다.

"나……나 칠 줄 몰라."

모기 같은 소리로 속살거린 아내의 두 뺨에는 불이 흐르며, 눈에는 눈물 그림자가 어른거렸다.

"그것을 모른담."

남편은 득의양양한 웃음을 웃고는,

"내 한번 치지."

하고 피아노 앞에 앉았다. 귈도 또한 이 악기를 매만질 줄 몰랐다. 함부로 건반 위를 치훑고 내리훑을 따름이었다. 그제야 아내도 매우 안심된 듯이 해죽 웃으며 이런 말을 하였다.

"참, 잘 치시는그려."

부록

작가와 작품 스터디

● 현진건 (1900~1943, 호는 빙허)

현진건은 대구에서 4형제 중 막내로 태어났다. 집안의 형제들이 모두 출중하였는데, 그 중 셋째 형 현정건은 독립 운동을 하다 평양에서 옥사하였다. 현진건은 이 형의 영향을 많이 받은 것으로 알려져 있다.

중국 후장 대학에서 공부하였으며, 당숙인 현희운의 소개로 1920년 〈개벽〉지에 단편 〈희생화〉를 발표하면서 작품 활동을 시작하였다. 그러나 이 작품은 습작 수준에 머물러 있었기 때문에 사람들로부터 좋은 평가를 받지는 못하였다. 그러다가 이듬해에 〈빈처〉를 발표하면서 작가로서 명성을 얻게 되었다. 이후 〈백조〉라는 잡지의 동인이 된 그는 일상적인 내용을 소재로 한 〈술 권하는 사회〉, 〈타락자〉와 같은 작품을 발표하였다.

1924년에 들어서자 현진건은 작품의 성격을 달리하여, 〈운수 좋은 날〉, 〈불〉처럼 객관적 현실에 입각한 작품을 쓰기 시작했으며, 문단으로부터 격찬을 받기도 하였다.

이후로도 그는 창작 활동을 계속하여 〈B사감과 러브레터〉, 〈사립 정신 병원장〉 등을 발표하다가, 1926년 셋째 형의 옥사 이후에는 작품 활동을 접고 〈동아 일보〉 기자 생활에만 전념하였다. 그러다가 10년이 훌쩍 지난 1939년부터 다시 집필을 시작하여 〈적도〉, 〈무영탑〉 등의 작품을 발표하였다.

오늘날 현진건은 김동인과 함께 근대 단편 소설을 개척한 인물로 존경을 받고 있으며, 한편으로는 염상섭과 더불어 사실주의 문학을 개척한 공로를 인정받고 있기도 하다. 김동인은 현진건의 작품을 '조화의 극치, 묘사의 절미, 과연 기교의 절정이다.' 라고 평한 바 있다.

● **B사감과 러브레터**　C여학교에서 교원 겸 기숙사 사감 노릇을 하는 B여사는 '처녀다운 맛이란 약에 쓰려도 찾을 수 없는' 노처녀이다. 그녀는 기숙생에게 온 남학생들의 러브레터를 제일 싫어한다. 그런데 어느 날 밤부터 기숙사에 이상한 소리가 들려온다. 한 방을 쓰는 세 학생이 그 소리를 따라갔다가 B사감이 학생에게 온 러브레터를 품에 안고 남녀가 사랑을 고백하는 장면을 연출하는 모습을 목격한다.

● **술 권하는 사회**　아내는 남편이 동경에서 대학을 마치고 돌아오기만 하면 무엇이든 다 얻을 수 있으리라는 희망을 가지고 살았다. 그러나 남편은 책을 읽거나 밤새 글을 쓸 뿐 무엇을 하는지 도무지 알 수가 없다. 그러던 어느 날부터 남편은 술 냄새를 풍기며 밤늦게 돌아오는 일이 잦아졌다. 아내는 그런 남편에게 누가 술을 권했냐고 퉁명스레 묻고, 남편은 부조리한 사회가 자신에게 술을 권한다고 답한다.

● **타락자**　본디 '나'는 기생이라면 남의 피를 빨고 뼈를 긁어 내는 요물이며, 그런 곳에 드나드는 사람은 부랑자, 타락자라고 생각했다. 그러던 '내'가 지금은 제법 기생집에 드나드는 일도 생기게 되었다. 어느 날, 나는 C, K와 함께 찾은 명월관에서 춘심이라는 기생을 만나게 되고, 그녀에게 깊이 빠져 성병까지 옮게 된다. '나'는 춘심의 사진을 찢은 아내에게, 자신이 사랑하는 사람은 춘심뿐이라고 소리친다.

● **빈처**　'나'는 보수 없는 독서와 가치 없는 창작에만 힘쓰며 집에 땔나무와 양식이 떨어지는 것도 모르고 사는 사람이다. 아내는 가난에 찌들어 나이가 세 살 위인 처형보다도 늙어 보인다. 그러나 아내는 비록 가난하더라도 부부가 의좋게 지내는 것이 행복이라고 말하고 '나'는 그러한 아내의 말에 감동한다.

논술 가이드

〈B사감과 러브레터〉의 한 대목입니다. 제시문을 읽고 다음 문제에 답하시오.
[문항 1]

> C여학교에서 교원 겸 기숙사 사감 노릇을 하는 B여사라면 딱장대요 독신 주의자요 찰진 야소꾼으로 유명하다. 사십에 가까운 노처녀인 그는 주근깨투성이 얼굴이 처녀다운 맛이란 약에 쓰려도 찾을 수 없을 뿐인가, 시들고 거칠고 마르고 누렇게 뜬 품이 곰팡 슬은 굴비를 생각나게 한다.
>
> 여러 겹 주름이 잡힌 훨렁 벗겨진 이마라든지, 숱이 적어서 법대로 쪽지거나 틀어올리지를 못하고 엉성하게 그냥 빗어 넘긴 머리꼬리가 뒤통수에 염소 똥만하게 붙은 것이라든지, 벌써 늙어 가는 자취를 감출 길이 없었다. 뾰족한 입을 앙다물고 돋보기 너머로 쌀쌀한 눈이 노릴 때엔 기숙생들이 오싹하고 몸서리를 치리만큼 그는 엄격하고 매서웠다.

(1) 윗글은 이 작품의 도입 부분으로, B사감에 대해 자세하게 묘사되어 있습니다. 윗글을 읽고 B사감이 어떠한 성격을 가진 인물이라고 짐작되는지 적어 봅시다.

----

(2) 이 작품의 마지막 부분을 찾아 읽고, 연애 편지를 끌어안은 채 혼자서 애정 장면을 연기하는 B사감의 모습에서 느껴지는 감상을 적어 봅시다.

〈술 권하는 사회〉의 한 대목입니다. 제시문을 읽고 다음 문제에 답하시오.
[문항 2]

> "흥, 또 못 알아듣는군. 묻는 내가 그르지, 마누라야 그런 말을 알 수 있겠소. 내가 설명해 드리지. 자세히 들어요. 내게 술을 권하는 것은 화증도 아니고 하이칼라도 아니요, 이 사회란 것이 내게 술을 권한다오. 이 조선 사회란 것이 내게 술을 권한다오. 알았소? 팔자가 좋아서 조선에 태어났지 딴 나라에 났더면 술이나 얻어먹을 수 있나……."
> 사회란 무엇인가? 아내는 또 알 수가 없었다. 어찌하였든 딴 나라에는 없고 조선에만 있는 요릿집 이름이어니 한다.
> "조선에 있어도 아니 다니면 그만이지요."

(1) 윗글에서 남편은 아내에게 '조선 사회'가 자신에게 술을 권한다고 말했습니다. 그가 말하는 '술 권하는 사회'란 무엇을 뜻하는 것일까요? 당시의 사회적 배경과 관련지어 짐작해 봅시다.

----

(2) 이 작품 속에서 남편이 아내에게 품고 있는 불만은 무엇인가요? 또, 작품 속에는 언급되어 있지 않지만 남편에게 아내가 품고 있을 불만은 무엇인지도 생각해 봅시다.

〈빈처〉에 실린 그림입니다. 그림을 보고 다음 문제에 답하시오.
[문항 3]

(1) 위의 두 그림을 참고로 하여, 친구에게 이 작품의 내용을 소개하는 글을 써 봅시다.

각각 〈불〉과 〈희생화〉의 한 대목입니다. 제시문을 읽고 다음 문제에 답하시오.
[문항 4]

성냥 쥔 그의 손은 가늘게 떨렸다. 그러자 사면을 한 번 돌아다볼 겨를도 없이 그 성냥을 품 속에 감추었다. 이만하면 될 일을 왜 여태껏 몰랐던가 하면서 그는 생그레 웃었다.

그 날 밤에 그 집에는 난데없는 불이 건넌방 뒤꼍 추녀로부터 일어났다. 풍세를 얻은 불길이 삽시간에 온 지붕에 번지며 훨훨 타오를 제 그 뒷집 담모서리에서 순이는 근래에 없이 환한 얼굴로 기뻐 못 견디겠다는 듯이 가슴을 두근거리며 모로 뛰고 세로 뛰었다…….

그러다가 차마 볼 수 없이 바싹 말라 버렸다. 마치 백골을 엷은 백지로 덮어 두고 물을 흠씬 뿜어 놓은 것같이 되고 말았다. 마침내 한강 얼음 얼고 남산에 눈 쌓일 제 누님은 그에게 한숨을 주고 눈물을 주던 이 세상을 떠나 버렸다.

(1) 윗글에서 〈불〉의 주인공 순이가 불을 지른 이유와, 〈희생화〉의 여주인공인 '나'의 누나가 숨을 거둔 이유는 무엇 때문이었는지 생각해 봅시다.

----

(2) 맞닥뜨린 문제에 대응하는 〈불〉의 순이와 〈희생화〉의 누나의 태도를 비교해 보고, 이에 대한 자신의 의견을 서술해 봅시다.

〈베스트논술 한국대표문학〉(전60권) 목록

권별	작품	작가
1	무정 I	이광수
2	무정 II	이광수
3	무명 · 꿈 · 옥수수 · 할멈	이광수
4	감자 · 시골 황 서방 · 광화사 · 붉은 산 · 김연실전 외	김동인
5	발가락이 닮았다 · 왕부의 낙조 · 전제자 · 명문 외	김동인
6	배따라기 · 약한 자의 슬픔 · 광염 소나타 외	김동인
7	B사감과 러브레터 · 서투른 도적 · 술 권하는 사회 · 빈처 외	현진건
8	운수 좋은 날 · 까막잡기 · 연애의 청산 · 정조와 약가 외	현진건
9	벙어리 삼룡이 · 뽕 · 젊은이의 시절 · 행랑 자식 외	나도향
10	물레방아 · 꿈 · 계집 하인 · 별을 안거든 우지나 말 걸 외	나도향
11	상록수 I	심훈
12	상록수 II	심훈
13	탈춤 · 황공의 최후 / 적빈 · 꺼래이 · 혼명에서 외	심훈 / 백신애
14	태평 천하	채만식
15	레디메이드 인생 · 순공 있는 일요일 · 쑥국새 외	채만식
16	명일 · 미스터 방 · 민족의 죄인 · 병이 낫거든 외	채만식
17	동백꽃 · 산골 나그네 · 노다지 · 총각과 맹꽁이 외	김유정
18	금 따는 콩밭 · 봄봄 · 따라지 · 소낙비 · 만무방 외	김유정
19	백치 아다다 · 마부 · 병풍에 그린 닭이 · 신기루 외	계용묵
20	표본실의 청개구리 · 두 파산 · 이사 외 / 모범 경작생	염상섭 / 박영준
21	탈출기 · 홍염 · 고국 · 그믐밤 · 폭군 · 박돌의 죽음 외	최서해
22	메밀꽃 필 무렵 · 낙엽기 · 돈 · 석류 · 들 · 수탉 외	이효석
23	분녀 · 개살구 · 산 · 오리온과 능금 · 가을과 산양 외	이효석
24	무녀도 · 역마 · 까치 소리 · 화랑의 후예 · 등신불 외	김동리
25	하수도 공사 / 지맥 · 그 날의 햇빛은 · 갈가마귀 그 소리	박화성 / 최정희 / 손소희
26	지하촌 · 소금 · 원고료 이백 원 외 / 경희	강경애 / 나혜석
27	제3인간형 · 제일과 제일장 외 / 사랑 손님과 어머니 외	안수길 / 이무영 / 주요섭
28	날개 · 오감도 · 지주 회시 · 환시기 · 실화 · 권태 외	이상
29	봉별기 · 종생기 · 조춘점묘 · 지도의 암실 · 추등잡필	이상
30	화수분 외 / 김 강사와 T교수 · 창랑 정기 / 성황당	전영택 / 유진오 / 정비석

권별	작품	작가
31	민촌 / 해방 전후 · 달밤 외 / 과도기 · 강아지	이기영 / 이태준 / 한설야
32	소설가 구보씨의 일일 / 장삼이사 · 비오는 길 / 석공 조합 대표 / 낙동강 · 농촌 사람들 · 저기압	박태원 / 최명익 송영 / 조명희
33	모래톱 이야기 · 사하촌 외 / 갯마을 / 혈맥 / 전황당인보기	김정한 / 오영수 / 김영수 / 정한숙
34	바비도 외 / 요한 시집 / 젊은 느티나무 외 / 실비명 외	김성한 / 장용학 / 강신재 / 김이석
35	잉여 인간 / 불꽃 / 꺼삐딴 리 · 사수 / 연기된 재판	손창섭 / 선우휘 / 전광용 / 유주현
36	탈향 외 / 수난 이대 외 / 유예 / 오발탄 외 / 4월의 끝	이호철/ 하근찬/ 오상원/ 이범선/ 한수산
37	총독의 소리 / 유형의 땅 / 세례 요한의 돌	최인훈 / 조정래 / 정을병
38	어둠의 혼 / 개미귀신 / 무진 기행 · 서울 1964년 겨울 외	김원일 / 이외수 / 김승옥
39	뫼비우스의 띠 / 악령 / 식구 관촌 수필 / 기억 속의 들꽃 / 젊은 날의 초상	조세희 / 김주영 / 박범신 이문구 / 윤흥길 / 이문열
40	김소월 시집	김소월
41	윤동주 시집	윤동주
42	한용운 시집	한용운
43	한국 고전 시가와 수필	유리왕 외
44	한국 대표 수필선	김진섭 외
45	한국 대표 시조선	이규보 외
46	한국 대표 시선	최남선 외
47	혈의 누 · 모란봉	이인직
48	귀의 성	이인직
49	금수 회의록 · 공진회 / 추월색	안국선 / 최찬식
50	자유종 · 구마검 / 애국부인전 / 꿈하늘	이해조 / 장지연 / 신채호
51	삼국유사	일연
52	금오신화 / 홍길동전 / 임진록	김시습 / 허균 / 작자 미상
53	인현왕후전 / 계축일기	작자 미상
54	난중일기	이순신
55	흥부전 / 장화홍련전 / 토끼전 / 배비장전	작자 미상
56	춘향전 / 심청전 / 박씨전	작자 미상
57	구운몽 · 사씨 남정기	김만중
58	한중록	혜경궁 홍씨
59	열하일기	박지원
60	목민심서	정약용

〈베스트 논술 한국대표문학〉에 실린 소설과 교과서 대조표

* 〈베스트 논술 한국대표문학〉에 실린 소설과 현행 국어 · 문학 18종 교과서의 수록 내용을 비교 · 분석하였다.

● 초등 학교 교과서(국어)

금오신화, 구운몽, 심청전,
흥부전, 토끼전, 박씨전,
장화홍련전, 홍길동전

● 국정 교과서

작품	작가	교과목
고향	현진건	고등 학교 문법
동백꽃	김유정	중학교 국어 2-1, 중학교 국어 3-1
벙어리 삼룡이	나도향	중학교 국어 1-1
봄봄	김유정	고등 학교 국어(상)
사랑 손님과 어머니	주요섭	중학교 국어 2-1
오발탄	이범선	중학교 국어 3-1
운수 좋은 날	현진건	중학교 국어 3-1

● 고등 학교 문학 교과서

작품	작품	출판사
감자	김동인	교학, 지학, 디딤돌, 상문
갯마을	오영수	문원, 형설
고향	현진건	두산, 지학, 청문, 중앙, 교학, 문원, 민중, 블랙, 디딤돌
관촌 수필	이문구	지학, 문원, 블랙
광염 소나타	김동인	천재, 태성

금 따는 콩밭	김유정	중앙
금수회의록	안국선	지학, 문원, 블랙, 교학, 대한, 태성, 청문, 디딤돌
김 강사와 T교수	유진오	중앙
까마귀	이태준	민중
꺼삐딴 리	전광용	지학, 중앙, 두산, 블랙, 디딤돌, 천재, 케이스
날개	이상	문원, 교학, 중앙, 민중, 천재, 형설, 청문, 태성, 케이스
논 이야기	채만식	두산, 상문, 중앙, 교학
닳아지는 살들	이호철	천재, 청문
동백꽃	김유정	금성, 두산, 블랙, 교학, 상문, 중앙, 지학, 태성, 형설, 디딤돌, 케이스
두 파산	염상섭	문원, 상문, 천재, 교학
등신불	김동리	중앙, 두산
만무방	김유정	민중, 천재, 두산
메밀꽃 필 무렵	이효석	금성, 상문, 중앙, 교학, 문원, 민중, 블랙, 디딤돌, 지학, 청문, 천재, 케이스
모래톱 이야기	김정한	디딤돌, 교학, 문원
모범경작생	박영준	중앙
뫼비우스의 띠	조세희	두산, 블랙
무녀도	김동리	천재, 지학, 청문, 금성, 문원, 민중, 케이스

작품	작가	출판사
무정	이광수	디딤돌, 금성, 두산, 교학, 한교
무진기행	김승옥	두산, 천재, 태성, 교학, 문원, 민중, 케이스
바비도	김성한	민중, 상문
배따라기	김동인	상문, 형설, 중앙
벙어리 삼룡이	나도향	민중
복덕방	이태준	블랙, 교학
봄봄	김유정	디딤돌, 문원
붉은 산	김동인	중앙
B사감과 러브레터	현진건	교학
사랑 손님과 어머니	주요섭	중앙, 디딤돌, 민중, 상문
사수	전광용	두산
사하촌	김정한	중앙, 문원, 민중
산	이효석	문원, 형설
서울, 1964년 겨울	김승옥	문원, 블랙, 천재, 교학, 지학, 중앙
성황당	정비석	형설
소설가 구보씨의 일일	박태원	중앙, 천재, 교학, 대한, 형설, 문원, 민중
수난 이대	하근찬	교학, 지학, 중앙, 문원, 민중, 디딤돌, 케이스
애국부인전	장지연	지학, 한교
어둠의 혼	김원일	천재
역마	김동리	교학, 두산, 천재, 태성, 형설, 상문, 디딤돌
역사	김승옥	중앙
오발탄	이범선	교학, 중앙, 금성, 두산
요한 시집	장용학	교학
운수 좋은 날	현진건	금성, 문원, 천재, 지학, 민중, 두산, 디딤돌, 케이스
유예	오상원	블랙, 천재, 중앙, 교학, 디딤돌, 민중
자유종	이해조	지학, 한교
장삼이사	최명익	천재
전황당인보기	정한숙	중앙
젊은 날의 초상	이문열	지학
젊은 느티나무	강신재	블랙, 중앙, 문원, 상문
제일과 제일장	이무영	중앙
치숙	채만식	문원, 청문, 중앙, 민중, 상문, 케이스
탈출기	최서해	형설, 두산, 민중
탈향	이호철	케이스
태평 천하	채만식	지학, 금성, 블랙, 교학, 형설, 태성, 디딤돌
표본실의 청개구리	염상섭	금성
학마을 사람들	이범선	민중
할머니의 죽음	현진건	중앙
해방 전후	이태준	천재
혈의 누	이인직	천재, 금성, 민중, 교학, 태성, 청문
홍염	최서해	상문, 지학, 금성, 두산, 케이스
화수분	전영택	태성, 중앙, 디딤돌, 블랙

〈베스트 논술 한국대표문학〉에 실린 시와 교과서 대조표

* 〈베스트 논술 한국대표문학〉에 실린 시와 현행 국어 · 문학 18종 교과서의 수록 내용을 비교 · 분석하였다.

작품	작가	출판사
가는 길	김소월	지학, 블랙, 민중
가을의 기도	김현승	블랙
겨울 바다	김남조	지학
고향	백석	형설
국경의 밤	김동환	지학, 천재, 금성, 블랙, 태성
국화 옆에서	서정주	민중
귀천	천상병	지학, 디딤돌
귀촉도	서정주	지학
그 날이 오면	심훈	지학, 블랙, 교학, 중앙
그대들 돌아오시니	정지용	두산
그 먼 나라를 알으십니까	신석정	교학, 대한
껍데기는 가라	신동엽	지학, 천재, 금성, 블랙, 교학, 한교, 상문, 형설, 청문
꽃	김춘수	금성, 문원, 교학, 중앙, 형설
끝없는 강물이 흐르네	김영랑	디딤, 교학
나그네	박목월	천재, 블랙, 중앙, 한교
나룻배와 행인	한용운	문원, 블랙, 대한, 형설
남신의주 유동 박시봉방	백석	지학, 두산, 상문

작품	작가	출판사
남으로 창을 내겠소	김상용	지학, 한교, 상문
내 마음은	김동명	중앙, 상문
내 마음을 아실 이	김영랑	한교
농무	신경림	지학, 디딤, 금성, 블랙, 교학, 형설, 청문
누가 하늘을 보았다 하는가	신동엽	두산
눈길	고은	문원
님의 침묵	한용운	지학, 천재, 두산, 교학, 민중, 한교, 태성, 디딤돌
떠나가는 배	박용철	지학, 한교
머슴 대길이	고은	디딤돌, 천재
먼 후일	김소월	청문
모란이 피기까지는	김영랑	지학, 천재, 금성, 형설
목계 장터	신경림	문원, 한교, 청문
목마와 숙녀	박인환	민중
바다와 나비	김기림	금성, 블랙, 한교, 대한, 형설
바위	유치환	금성, 문원, 중앙, 한교
별 헤는 밤	윤동주	문원, 민중
봄은 간다	김억	한교, 교학
봄은 고양이로다	이장희	블랙

작품	작가	출판사
불놀이	주요한	금성, 형설
빼앗긴 들에도 봄은 오는가	이상화	지학, 천재, 문원, 블랙, 디딤돌, 중앙
산 너머 남촌에는	김동환	천재, 블랙, 민중
산유화	김소월	두산, 민중
살아 있는 것이 있다면	박인환	대한, 교학
살아 있는 날은	이해인	교학
생명의 서	유치환	한교, 대한
샤갈의 마을에 내리는 눈	김춘수	지학, 블랙, 태성
서시	윤동주	디딤돌, 민중
설일	김남조	교학
성묘	고은	교학
성북동 비둘기	김광섭	지학
쉽게 씌어진 시	윤동주	지학, 디딤돌, 중앙
승무	조지훈	지학, 디딤돌, 금성
알 수 없어요	한용운	중앙, 대한
어서 너는 오너라	박두진	디딤돌, 금성, 한교, 교학
오감도	이상	디딤돌, 대한
와사등	김광균	민중
우리가 물이 되어	강은교	지학, 문원, 교학, 형설, 청문, 디딤돌
우리 오빠의 화로	임화	디딤돌, 대한
울음이 타는 가을 강	박재삼	지학, 교학
자수	허영자	교학

작품	작가	출판사
자화상	노천명	민중
절정	이육사	지학, 천재, 금성, 두산, 문원, 블랙, 교학, 태성, 청문, 디딤돌
접동새	김소월	교학, 한교
조그만 사랑 노래	황동규	문원, 중앙
즐거운 편지	황동규	지학, 형설, 청문
진달래꽃	김소월	천재, 태성
청노루	박목월	지학, 문원, 상문
초토의 시 8	구상	지학, 천재, 두산, 상문, 태성
초혼	김소월	디딤돌, 금성, 문원
타는 목마름으로	김지하	디딤돌, 금성, 문원, 민중
풀	김수영	지학, 금성, 민중, 한교, 태성
프란츠 카프카	오규원	천재, 태성
피아노	전봉건	태성
해	박두진	두산, 블랙, 민중, 형설
해에게서 소년에게	최남선	지학, 천재, 금성, 두산, 문원, 민중, 한교, 대한, 형설, 태성, 청문, 디딤돌
향수	정지용	지학, 문원, 블랙, 교학, 한교, 상문, 청문, 디딤돌

〈베스트 논술 한국대표문학〉에 실린 시조와 교과서 대조표

* 〈베스트 논술 한국대표문학〉에 실린 시조와 현행 국어 · 문학 18종 교과서의 수록 내용을 비교 · 분석하였다.

작품	작가	출판사
가노라 삼각산아	김상헌	교학, 형설
가마귀 눈비 맞아	백팽년	교학
가마귀 싸우는 골에	정몽주 어머니	교학
강호 사시가	맹사성	디딤돌, 두산, 교학
고산구곡	이이	한교
공명을 즐겨 마라	김삼현	지학
구름이 무심탄 말이	이존오	천재
국화야 너난 어이	이정보	블랙
녹초 청강상에	서익	지학
농암가	이현보	민중
뉘라서 가마귀를	박효관	교학
님 그린 상사몽이	박효관	천재
대추볼 붉은 골에	황희	중앙
도산 십이곡	이황	디딤돌, 블랙, 민중, 형설, 태성
동짓달 기나긴 밤을	황진이	지학, 천재, 금성, 두산, 문원, 교학, 상문, 대한
마음이 어린후니	서경덕	지학, 금성, 블랙, 한교
말없는 청산이요	성혼	지학, 천재
방안에 혔는 촉불	이개	천재, 금성, 교학
백구야 말 물어보자	김천택	지학
백설이 자자진 골에	이색	지학
삭풍은 나무끝에	김종서	중앙, 형설
산촌에 눈이 오니	신흠	지학

작품	작가	출판사
삼동에 베옷 닙고	조식	지학, 형설
산인교 나린 물이	정도전	천재
수양산 바라보며	성삼문	천재, 교학
십년을 경영하여	송순	지학, 금성, 블랙, 중앙, 한교, 상문, 대한, 형설
어리고 성긴 매화	안민영	형설
어부사시사	윤선도	금성, 문원, 민중, 상문, 대한, 형설, 청문
오리의 짧은 다리	김구	청문
오백년 도읍지를	길재	블랙, 청문
오우가	윤선도	형설
이몸이 죽어가서	성삼문	지학, 두산, 민중, 대한, 형설
이시렴 부디 갈다	성종	지학
이화에 월백하고	이조년	디딤돌, 천재, 두산
이화우 흣뿌릴 제	계랑	한교
재너머 성권농 집에	정철	천재, 형설
천만리 머나먼 길에	왕방연	문원, 블랙
청산리 벽계수야	황진이	지학
추강에 밤이 드니	월산대군	천재, 금성, 민중
춘산에 눈녹인 바람	우탁	디딤돌
풍상이 섞어 친 날에	송순	지학, 청문
한손에 막대 잡고	우탁	금성
훈민가	정철	지학, 금성
흥망이 유수하니	원천석	천재, 중앙, 한교, 디딤돌, 대한

〈베스트 논술 한국대표문학〉에 실린 수필과 교과서 대조표

* 〈베스트 논술 한국대표문학〉에 실린 수필과 현행 국어·문학 18종 교과서의 수록 내용을 비교·분석하였다.

작품	작가	출판사
가난한 날의 행복	김소운	천재
가람 일기	이병기	지학
구두	계용묵	디딤돌, 문원, 상문, 대한
그믐달	나도향	블랙, 태성
꼴찌에게 보내는 갈채	박완서	태성
나무	이양하	상문
나무의 위의	이양하	문원, 태성
낭객의 신년 만필	신채호	두산, 블랙, 한교
딸깍발이	이희승	지학, 디딤돌, 청문
멋없는 세상 멋있는 사람	김태길	중앙
무궁화	이양하	디딤돌
백설부	김진섭	지학, 천재, 형설, 태성, 청문
생활인의 철학	김진섭	지학, 태성
수필	피천득	지학, 천재, 한교, 태성, 청문
수학이 모르는 지혜	김형석	청문
슬픔에 관하여	유달영	문원, 중앙
웃음설	양주동	교학, 태성
은전 한 닢	피천득	금성, 대한
이야기	피천득	지학, 청문
인생의 묘미	김소운	지학
지조론	조지훈	블랙, 한교
청춘 예찬	민태원	금성, 블랙
특급품	김소운	교학
폭포와 분수	이어령	지학, 블랙
피딴 문답	김소운	디딤돌, 금성, 한교
행복의 메타포	안병욱	교학
헐려 짓는 광화문	설의식	두산

베스트 논술 한국대표문학 ❼

B사감과 러브레터

지은이 현진건
펴낸이 류성관
펴낸곳 SR&B(새로본닷컴)
주 소 서울특별시 마포구 망원동 463-2번지
전 화 02)333-5413
팩 스 02)333-5418
등 록 제10-2307호
인 쇄 만리 인쇄사

＊잘못 만들어진 책은 바꾸어 드립니다.